# OPERA

오페라와 작곡가들

# OPERA

## 오페라와 작곡가들

초판 1쇄 발행 2021년 5월 18일

지은이 이종영
펴낸이 김종섭
펴낸곳 리음북스
디자인 유상희, 김민지
마케팅 조기웅, 신원철
교정 교열 박찬울
주소 서울시 성동구 아차산로 7나길 18 성수에이팩센터 408호
전화 02-3141-6613 팩스 02-460-9360
출판등록 제2016-000026호
홈페이지 http://ireview.kr
이메일 joskee@ireview.kr



값 18,000원



ISBN 978 - 89 - 94069 - 64 - 7

# OPERA
## 오페라와 작곡가들

이종영

# 프롤로그

이 책을 처음 여는 사람들은 책의 반을 모차르트 오페라에 집중한 것에 대해 의아하게 생각할는지 모르겠다. 사실상 오페라에 들어가는 음악의 역사는 길지만 바로크 오페라들을 우리들의 생활 속에서 볼 수 있었던 역사는 얼마 되지 않았다. 실황은 보지 못해도 CD나 DVD를 통해서라도 우리가 쉽게 접근할 수 있었던 것도 얼마 안 되는 세월이었고 지금의 인터넷의 보급으로 인해 가까이 갈 수 있는 것은 우리가 누리는 특권이다.

바로크 오페라는 악보의 출판 역사도 길지 않고 아직도 너무 많은 작품들이 미지의 세계에 남아 있고 그 전의 작품들이 어떠한 소리를 가졌을 것이라는 것은 상상조차 힘들기에 많은 이야기를 하기가 힘든 제목이다.

인류의 역사 속에 모차르트라는 희한한 천재가 등장했기에 오페라의 역사를 새로 쓸 수 있었다는 것이 과언이 아니다. 그의 7개의 오페라가 전부 독특한 걸작이기에 7개에 대해 전부 이야기한 것이다.

다음 Volume은 19세기로 넘어가기 때문에 이태리에서는 롯시니에서 Verdi까지, 독일 오페라는 베버(Carl Maria von Weber)와 바그너(Wagner)를 다루고 프랑스 오페라는 베를리오즈(Berlioz), 구노(Gounod), 비제(Bizet), 마스네(Massnet)를 다루려고 한다.

세 번째 Volume은 20세기 Theatre음악과 Dance음악 - 푸치니와 리하르트 스트라우스의 오페라, 스트라빈스키(Stravinsky)나 드뷔시(Debussy)의 dance음악과 오페라, 또 베르그(Alban Berg)의 오페라와 쇤베르크(Schoenberg)의 Theatre음악, 거쉰(Gershwin)의 포기와 베스, 번스타인(Berstein)의 웨스트 사이드 스토리(West side story) 등 Pop음악도 소개하려 한다.

무엇보다도 이 책을 출판해 주신 리음북스의 김종섭 사장님께 무한한 감사를 드린다. 20년 전부터 시작된 우리의 인연이 결코 우연이 아니었다는 것을 또 한번 새삼스레 느낀다. 게으름 피고 있는 내게 시작할 용기를 주시고 잡지에 연재해주신 CNB의 황용철 사장님께 감사드리고, CNB Journal 편집장님께도 감사드린다. 자주 제게 들러 글쓰기를 재촉하고 교정봐주신 이구경 선생님께도 감사드린다. 그리고 이 책이 나올 때까지 나의 강의를 열심히 들어 주신 나의 친구들, 학생들 모두 감사드립니다.

2021년 5월 이종영

## 차례

# I

# 오페라 이야기 시작에 앞서

# 오페라 이야기 시작에 앞서

오페라 이야기를 시작함에 있어 왜 키에르케고르(Kierkegaard)가 자신의 대표작인 'Either, Or'에서 자신이 잘 알지도 못하는 음악 이야기, 특히 Mozart의 Don Giovanni에 대해 수십 쪽을 논했는지 이해가 간다. 자신이 잘 모르는 너무 매력적인 예술에서 느끼는 경이로움이 아니었을까?

음악이라는 특별한 예술 매체는 네 사람이 각각 다른 내용의 이야기를 동시에 떠드는 것도, 표현을 하는 것도 가능하게 하고 이해도 할 수 있게 만드는 특성을 가지고 있다. 가장 추상적이며 시간 예술이라는 특성을 가진, 여러 가지 얼굴을 동시에 느낄 수 있는 독특한 예술 형식이기에. 다른 내용의 내면의 감정과 상반되는 외부의 감정도 동시에 표현하는 깊이를 가진 예술이기에...

모차르트의 음악은 한없이 angelic 같지만 Don Giovanni가 이야기하는 가사의 끔찍함에 가끔 놀라고 웃는다. 어떻게 그렇게 끔찍한 표면의 가사와 내용에 그리도 천진난만한 음악을 부칠 수 있느냐 할 수 있지만 오로지 모차르트만이 할 수 있는 일일 것이다. 그의 장난스러움이 교묘히 표현되는 순간이기도 하다. 필자가 오랜 세월 교향악단이나 실내악에서 첼로로 모차르트를 '진지하게' 생각하며 연주하던 때를 부끄럽게 하는 순간들이다. 그만큼 모차르트는 인생의 모순과 joy of life를 잘 안 작곡가이다.

Daniel Barenboim은 왜 우리가 베토벤의 피아노 소나타를 알아야 하는 이유 중에 그것을 아는 것이 모르고 있었을 때보다 우리의 삶을 풍요롭게 만들기 때문이라고 이야기한 적이 있다. 특히 베토벤의 후기 피아노 소나타를 모르는 것은 삶의 깊이를 그만큼 들어가 보지 못한 것처럼 느낄 수 있다. Scuba Diver가 물 속 깊이 들어가지 않아 본 것처럼 말이다.

베토벤은 Don Giovanni의 주제가 비도덕적이라고 비판했지만 브람스, 로시니, 구노, 바그너 등이 가장 훌륭한 오페라라고 생각한 돈 조반니를 체험하지 못한 삶은 그만큼 덜 풍요로울 것이다. 말러나 리하르트 스트라우스, 토스카니니, 번스타인이 가장 훌륭한 희곡 오페라라고 극찬한 Verdi의 Fallstaff 역시 알고 나면 삶의 기쁨을 더해 줄 것이지만 사실상 모르고 지나는 사람들이 대부분이라 안쓰럽다는 생각이 든다.

필자가 이 책을 쓰기로 한 제일 큰 동기는 이렇게 재미있을 수 있고 풍요로운 오페라의 세계에 다른 사람들이 좀 더 쉽게 다가가는 데 도움을 주고 싶은 마음에서다. 워낙 방대한 종합 예술이다 보니 오페라의 줄거리와 문학적인 배경도 알아야 하고 Verdi의 Don Carlo와 같이 많은 역사적인 이야기를 다룬 그랜드 오페라의 경우는 역사적인 배경도 이해해야 한다. 바로크 시대의 오페라는 그리스 신화에 대한 스토리를 알아야 한다든가 바그너의 오페라 역시 Nordic 신화나 19세기 역사에 대한 기본적 이해가 없으면 이해하기 힘든 오페라들이다.

거기다 오페라를 만드는 독특한 요소인 레시타티브 역시 다른 종류의 음악과는 완전히 다른 형태를 지니고 있기에 오페라의 탄생과 레시타티브의 음악적 요소부터 알아야 한다. 그리고 심포니나 솔로 곡들과는 다르게 오페라는 어떠한 드라마틱한 요소를 전개시키고 있느냐가 전체 곡에서 매우 중요한 요소를 차지하고 있기에 교향곡이나 솔로 음악에 익숙했던 사람들은 접근방식을 달리해야 할 것이다.

필자도 한동안 오페라가 부르주아나 즐길 수 있는 예술이라고 생각해 그 가치를 인정하기 싫어한 때가 있었다. 왜 그렇게 모차르트가 오페라를 제일 쓰고 싶어 했는지, 모차르트와 베토벤의 스승이었고 당대에 가장 존경받고 가장 인기 있으며 위대했던 하이든이 모차르트를 자기가 아는 제일 위대한 작곡가이고 앞으로 100년 이후에도 나오기 힘들 것이라고 말한 것을 필자가 확실히 공감하고 이해하는 데도 오랜 시간이 걸렸다.

우리가 작곡가의 위대성에 대한 평가를 할 때 그가 기악을 얼마나 잘 다루느냐 뿐만 아니라 얼마나 voice를 위한 작품도 잘 쓸 수 있는 작곡가였느냐가 위대성을 가르는 중요한 요소가 될 때가 종종 있다. 두 가지 종류의 음악을 전부 능숙하게 다룰 수 있었던 모차르트이기에 하이든이 모차르트를 가장 훌륭한 작곡가라고 부르지 않았을까?

가끔 셰익스피어의 제일 유명하다는 4대 비극의 끔찍함에 놀라곤 한다. 그리고 많은 오페라의 끔찍한 스토리에 대해서도 현실과 먼 이야기들만 다루었다고 느낄 때도 있었다. 그러나 내가 나이가 점점 들어갈수록 점점 이 끔찍한 이야기들이 주위에 자주 일어나는, 쉽게 공감을 가질 수 있는 이야기들이라는 것을 알아간다. 괴테의 사랑에 목숨 바친 베르테르의 스토리, 권력의 욕심으로 무너져가는 맥베스 같은 이야기, 재산을 물려주는 과정에서 생기는 리어왕 같은 이야기는 우리 주위에 언제나 일어나는 비극들이다.

신분의 갈등 속에서 비극으로 끝난 La Traviata의 비극, 한 여자를 잘못 사랑해서 파멸로 끝난 오페라 카르멘의 Don Jose 이야기,

더욱이 이야기가 춤과 음악으로 어우러져 한층 고조되고 정화되어서 우리에게 전달되는 오페라는 잊을 수 없는 체험으로 생생하게 남을 수밖에 없다. 이 또한 우리가 주위에서 자주 보고 나 자신에게도 일어나는 일이기에 이것은 인류 전체에게 공감대를 이룬다.

처음에는 말하는 것보다는 자연스럽지 않다고 느낄 수 있는 '노래로 하는 드라마'가 수백 년 동안 이어져 내려오고 지금도 공연되고 있는 것을 미루어 볼 때 이것은 시대에 따라 작은 변화와 유행에 따라 변하는 것도 있지만 그 안에 변하지 않는 영구적인 요소를 동시에 지니고 있음이 틀림없다.

교향곡만 해도 역사가 오페라처럼 길지 않고 내용 또한 방대하지 않기 때문에 역사적 접근이 비교적 간단하고 그 역사적 접근이 교향곡을 이해하는 데 도움이 된다. 사실상 교향곡의 시작도 오페라에서의 sinfonie 소위 overture가 교향곡의 시작이다.

언젠가는 오페라도 역사적 접근을 해야 전체를 이해하는 데 도움이 되겠지만 하다못해 헨델의 오페라마저도 지금 현대인들이 듣기에는 벌써 시대적인 유행을 알기 전에는 낡고(archaic) 지루하게 느껴질 수 있다. 그러나 이 방대한 장르를 처음부터 역사적으로 접근하다가는 관객이나 독자를 전부 잃어버릴 수 있다. 영화 관객이 다양하듯 볼거리만으로도 오페라는 아주 즐거울 수 있다.

더군다나 옛날 TV도 없고, 레코드도 없었던 시대에 얼마나 오페라가 볼거리와 재미가 있었을지는 가히 짐작할만하다. 소리를 복제한다는 것은 거의 불가능하며 세렝게티 평원에서 직접 본 야생동물들을 영상으로 복제하는 것보다 더 힘든 일이기 때문에 오페라의 현장 체험은 대단히 중요한 일이다.

그렇기에 17세기 베니스에서는 새로 나온 오페라가 일 년에 50편이 넘었고 귀족이 아닌 보통 사람들이 표를 사서 가는 오페라하우스가 7개나 있었다니 말이다. 그 당시 베니스 인구가 지금 수준으로 얼마 되지 않았을 때의 이야기들이다. 오페라 하우스라 할 수 있는 곳이 하나밖에 없는 천만 인구의 서울에 비한다면 그 차이를 대략 짐작할 수 있지 않을까 싶다.

영화도 한때 '벤허'나 '십계' 같은 대형 영화가 돈도 많이 벌고 많은 관객을 불러오던 시대가 있었던 것처럼 Verdi의 Aida 같은 오페라가 볼거리를 많이 제공하는 것이 그랜드 오페라 성공의 척도처럼 생각된 적도 있었다.

Mozart의 오페라 Don Giovanni나 Figaro의 결혼은 어쩌면 음악가나, 예술가들이 가장 좋아하는 오페라이지만 일반 청중들에게는 푸치니의 오페라들이 훨씬 즐겁고 보기 쉬운 음악일 수 있다. 지금은 가장 많이 상영되는 Verdi의 La Traviata나 비제의 카르멘 Carmen도 첫 공연은 실패로 끝났다.

라 트라비아타의 경우는 Violeta 역을 살찐 여자가 맡아서 그랬다고는 하지만 주인공이 약한 도덕성(easy virtue)의 인생을 산 여자였다는 것이 위선적이고, 이중 잣대를 가지고 사는 파리의 부르주아에게는 카르멘 같은 하류층 여자를 주인공으로 무대에 올려놓는 것이 시기상조였던 것이다. 그렇게 훌륭했던 오페라 작곡가 비제는 카르멘의 실패로 인한 슬픔으로 일찍 생을 마감했다.

우리가 아는 위대한 작곡가 중 오페라를 쓰지 않은 작곡가가 많다. 브람스, 슈베르트, 슈만 등은 모두 위대한 성악곡들은 썼지만 좋은 오페라는 남기지 못했다. 좋은 libretto를 쓸 파트너를 만날 수 없었던 불운도 있겠지만 오페라를 만들 dramatic한 센스sense는 가지고 있지 않았던 이유도 있으리라.

베토벤(Beethoven)처럼 성악곡을 작곡하는 것이 힘들었던 작곡가도 있고, 말러처럼 성악이 들어간 교향곡은 썼지만 오페라는 쓰지 않은 작곡가도 있다. Verdi처럼 주로 오페라만 썼다고 그를 위대한 작곡가로 평가하는 데 있어 손색이 있을 이유는 하나도 없다. 그러나 좋은 오페라 작곡가가 되기 위해선 특별한 드라마를 만들기 위한 특별한 천재성은 지니고 있어야 한다.

베르디, 로시니, 벨리니, 도니체티, 푸치니, 바그너 등은 주로 오페라만 작곡한 작곡가들이지만, 그들의 천재성이나 위대성이 오페라를 쓰지 않은 다른 작곡가들과 비교할 때 어디에도 부족함이 없는 작곡가들이기에 오페라를 모르는 것은 음악의 중요한 부분을 모르고 지나는 것이고 이것을 알려면 특별한 지식을 쌓아두는 것이 중요하다.

인류가 공동체를 이루고 시민사회가 탄생한 이래 동, 서양을 막론하고 스토리에 음악을 더한다든가 춤을 더하는 일은 어느 문화권에서도 흔히 볼 수 있는 일이다. 이러한 일들은 흥을 더 돋우든가 한편으로는 자신의 지적인 계급이나 권력의 상징으로 이용된 때가 있었다.(루이 14세, 각종 귀족의 집안 등)

다행히 우리나라도 판소리가 보존되어 있어 한국판 오페라 같은 것을 체험할 수 있다. 인도나 인도네시아 문화권에서 춤과 스토리와 음악이 잘 어우러져 전수되어 내려온 것을 보며 오히려 이러한 예술 작품들이 많이 사라진 서양 문화를 추측해 내는 데도 도움이 된다. 서양 문화에서는 음악이나 춤의 형태로는 잘 남아 있지 않지만 연극이나 문헌으로 남은 문학 속에서 우리는 많은 그리스의 연극이 노래로 되어 있다는 것을 안다.

사실상 오페라라는 단어를 처음 사용한 것은 서양에서 16세기 후에서부터이다. 심리학(psychology)이라는 단어가 현대에 와서 생겨나듯이, 아마도 '오페라'라는 단어의 등장은 음악으로 이야기하는 듯한 레시타티브라는 고유의 음악이 생긴 후부터의 일일 것이다.

음악이 있는 드라마는 그리스 이전부터도 존재해 있었을 것이다. 음악과 드라마가 얼마만큼 분리되어 있느냐의 차이가 작품의 차이, 시대의 차원을 넘어가며 변천해 왔을 것이다. 그러나 그리스 드라마에서 코러스가 노래했다는 것은 아리스토텔레스(Aristotle)의 시학(Poetics)에 나오는 이야기이다. 오페라라고 하면 그 안에 독백, 아리아, 앙상블, 합창, 중창, 춤, 기악 음악, 오케스트라, 의상, scenary, 기계장치가 모두 어우러져야 한다. 그리스나 중세의 드라마에서도 이들 중 여러 가지가 노래로 이어진 적이 있었고 음악은 춤, 합창, 솔로, 중창, 기악 음악의 형태로 단적으로 분리되었거나 때로는 합쳐진 형태로 발전되어 왔기에 이들이 어떻게 오페라라는 장르의 탄생에 영향을 주었는가를 살펴보는 것은 중요하다.

우리가 말로는 음악을 설명할 수 없는 일이고, 오래 전 쓰인 작품을 훌륭한 연주로 DVD나 YouTube를 통해 쉽게 접할 수 있는 작품이 몇 개 안되기에 힐데가르트 어브 빙엔(Hildegard of Bingen 1098-1179)의 Ordo Virtutum(the play of Virtues)을 들어보는 것이 중요하다. 이것이 수도원에서 연주된 음악 드라마이기에 중세 종교의식 중의 하나로 이루어진 음악을 체험하는 데 중요한 자료다. 이 드라마는 서양 음악의 기초였던 그레고리 성가와 흡사한 형태를 가지고 있다.

가톨릭교회가 기악 음악은 pagan에 속한다고 교회 안에서는 별로 허용을 안 했기에 서양 음악은 주로 성악 음악으로부터 발달이 이루어졌다는 것은 잘 알려진 이야기다. 게다가 현대인들이 익숙해진 대부분의 음악들은 미터(meter)가 있는 dance 리듬과 밀

접한 관계를 가진 음악이기에(요즘 젊은이들이 좋아하는 rap 음악을 제외하고) 이 곡을 처음 들었을 때는 생소하게 느낄 수 있다.

우리가 여러 가지 음악을 접할 때 가끔 음악이 언어보다 이해하기 쉽다고 착각할 수 있다. 음악의 직접성(immediacy 언어보다 훨씬 직접적이고 귀로 듣고 몸으로 느끼는 감각적인 요소 때문에 그럴 수 있다)으로 인해 사실상 이 말이 틀린 것은 아니다. 우리가 알파벳을 알게 되고 글을 익혔다고 책의 내용을 알 수 없듯이 음표는 알파벳에 불과하다. 그러기에 사실상 내가 아는 음악의 영역이 여러 가지 소양을 키운 사람 이외는 제한적일 수밖에 없다. 우리가 독일어를 모를 때 독일어 책을 읽는다는 것은 엄두도 낼 수 없는 일이지만 음악은 그러한 의미에서는 접근성이 비교적 쉽다. 또한 좋은 음악에 익숙해지는(familiar) 속도는 비교적 빠르게 일어 날 수 있다.

위에 언급한 Ordo Virtutum 역시 그 음악이 어려운 것보다는 우리가 평소에 자주 익숙해진 음악과는 다르기 때문에 공허하다든가 처음엔 단조롭고 지루하게 느껴질 수 있다. 반주도 없고 규칙적인 박자도 없어 소절의 강약을 느낄 수 없기에 어떠한 구조로 썼는지 기억하기 어려울 것이다. 그러나 다른 선입견 없이 몇 번 듣다 보면 이런 종류의 음악이 아름답다고 느끼며 경이로움을 느끼리라.

음악이 말의 내용을 더 중요시하면서 이루어졌을 때는 우리가 아는 소절의 개념과는 다르게 이루어진다. 서양 음악의 기초를 이루었던 그레고리 성가는 가사를 중요시 하는데 기초를 두고 음악을 접속한 음악이었다. 그 점에 있어서는 오페라의 레시타티브와 그레고리 성가가 유사한 점을 가지고 있다.

단지 오페라의 경우는 drama in music이니만큼 그 안에 훨씬 극적인 내용을 가지고 있을 때가 많다. 가끔 바흐가 쓴 마태수난곡도 어떤 때는 바흐의 오페라라고 생각하는 사람들이 종종 있는데 그 안에 레시타티브, 아리아, 중창, 오케스트라, 합창, 극적인 줄거리 등 오페라가 가져야 할 거의 모든 내용을 담고 있기 때문이다. 의상이 화려하지 않고 무대장치에 신경을 안써도 되는 부분 말고는...

1610년 Monteverdi가 쓴 Vespro Della Beata Vergine은 종교적인 작품이지만 그 당시 음악이 얼마나 발전되어 있느냐를 체험하는데 결정적인 역할을 해 줄 것이다. 참고로 바로크 초기 가장 위대한 오페라 작곡가였던 몬테베르디가 처음으로 쓴 위대한 오페라가 1607년에 쓴 Orfeo이다. 앞에 말한 Vespro는 몬테베르디의 방대한 지식을 총망라한 작품이다. 그는 바로크 기법만이 아니라 르네상스 기법도 전부 통달한 위대한 작곡가였기에 이 곡을 듣는 것은 놀라운 체험일 것이다. 그 안에 여러 명의 독창자, 오케스트라, 여러 개의 합창단, 새로운 바로크 스타일 monody뿐 아니라, 레시타티브와 거대한 르네상스 스타일의 번갈아 주고 받는(antiphonal) 합창단들, 오케스트라, 소규모의 앙상블까지 모든 음악을 망라한 작품이다. 그의 Orfeo 오페라에서 쓴 서두의 fanfare toccata를 이 곡에서도 사용하였다.

필자는 왜 영국의 지휘자 John Eliot Gardiner가 자신의 합창단 이름을 몬테베르디 합창단이라고 지었는지 이해한다. Nicolaus Hanoncourt 역시 Zurich opera house의 앙상블 이름을 몬테베르디 앙상블(Monteverdi ensemble)이라고 지었다. 그만큼 옛 음악을 아는 음악가들 가운데서는 몬테베르디라는 작곡가는 그냥 가장 위대한 작곡가이다. 두 개의 시대를 넘나들며 양 시대의 작곡을 가장 훌륭하게 쓴 작곡가, 세속적인 오페라든 거대한 종교적 작품이든, 모든 장르를 넘나들던 작곡가. 필자가 많은 설명을 하기 전에 이 작품을 듣기를 권하는 것은 이 작품들을 듣는 체험을 한 후에 이 글을 읽는 것이 음악을 이해하는 데 훨씬 쉬울 것이라고 생각하기 때문이다.

이 음악을 들은 사람들은 너무 다른 형태의 음악 스타일에 놀랄 것이다. 마치 우리 기와집과 Milan의 성당을 나란히 놓으면 볼 수 있듯이... 서양 음악에서 그레고리 성가에서 몬테베르디의 Vespro가 나올 때까지의 역사는 여러 가지의 실험과 교류와 변천의 역사였다.

독자들이 많은 음악 용어는 모르고 지나가도 되지만 단성 음악(Monophony), 다성 음악(Polyphony), 대위법(counterpoint), 모노디

(Monody 17세기 초에 많이 쓰여진 lute나 guitar, harpsichord 같은 반주로 하는, 여러 장식음을 많이 사용하고 누구의 슬픔을 노래하는 등 감정의 격분이 많이 들어간 declamatory한 노래) 등의 음악 용어는 알아야 한다.

Leonin, Perotin school의 리듬에 대한 실험, 그레고리 성가에서 발달된 멜리스마(melismatic 한 모음에 여러 장식을 가지고 길게 뻗어 나간 노래)한 노래, 네덜란드로부터 발달된 fugue같은 대위법적 음악, 5도 4도의 organum, 3화음의 형성 등을 거쳐 건축적으로 위로 쌓아가면서 뻗어간 거대한 다성 음악의 발달이 서양 음악을 지금의 고유한 위치로 이끌어 왔다. 그리고 교회 안에서는 주로 라틴어를 사용했다. 교회에서 천대받아 밖으로 나온 Trovarore들은 기악 음악, dance, 민속 음악, 세속적인 내용을 담은 음악들을 발전시켜갔다.

르네상스 시대로 오면서 그리스 문학에 대한 관심, 오랫동안 Pagan으로 여겨진 인본주의적 사상, 그리스어에 대한 관심들이 바로크 초기 Florence의 학자와 귀족들 사이에서 오페라라는 장르를 탄생시킨 것이다.

당시의 귀족들은 오페라 리브레토(몬테베르디 오페라 리브레토를 쓴 Alessandre Striggio)도 쓰고 작곡도 할 수 있는 아마추어들이었다. 음악을 잘 알아야 하는 것이 높은 계급의 귀족이 지녀야 할 교양의 필수로 생각되던 시기, 귀족들은 자신의 궁전에서 공연을 하는 것이 부와 계급의 상징이었고, 음악가, 시인을 집안의 하인으로 고용하고 있었다.

1577년과 1582년 사이 Florence에 있는 Giovanni de Bardi 백작의 집에서 모인 당시의 유명한 음악가, 시인, 지식인들은 어떻게 그리스 드라마를 재현할 수 있는가에 대한 토론과 연구를 해나갔다. 그 멤버 중에는 줄리오 카치니(Giulo Caccni), 빈센조 갈릴레이(Vincenzo Galilei 과학자 갈릴레오의 아버지) 같은 사람이 있었다. Girolamo Mei 같이 고대 그리스어에 능통한 학자도 있었고 Ottavio Rinuccini(Peri의 Dafne에 리브레토를 쓴 시인), 몬테베르디의 Orfeo에 리브레토를 쓴 Alessandro Striggio도 이 그룹에 참여했다.

그 당시 그들의 생각에는 그리스 시대의 드라마는 노래로 이루어졌지만 speech와 song의 중간이었을 거라고 추측했다. 20세기에 아놀드 쇤베르그(Arnold Schoenberg)가 쓴 Pierrot Lunaire에서 사용한 Sprechstimme 같은 소리를 상상했던 것 같다. 이것은 stile recitativo를 탄생시키면서 지금까지 고도의 다성 음악의 발달로 말의 내용을 알아듣기 어렵게 만든 음악에 대한 반발로 단순한 악기의 반주로 아리아와 레시파티브의 음악(앞에 언급한 monody)을 탄생시킨다. 그렇기에 드라마는 중간에 말로 이어진 부분이 아니라 전체가 노래하는 장르로 바뀌는 것이 오페라의 시작인 것이다.

16세기에 많이 쓰였던 intermedio(드라마의 막과 막 사이 음악이나 춤을 넣는 것)는 오페라를 탄생시키는 데 큰 영향을 준다. 유명한 음악역사학자 Donald Grout에 의하면 이것은 첫째, 음악가와 시인들의 사고 안에 음악과 드라마가 같이 간다는 생각을 지속하게 해주었고 둘째는 불란서 dramatic ballet에서 보는 외부적인 요소들, 멋진 scenery, 무대 효과, 춤이 드라마와 같이 간다는 생각을 하게 했다. 그렇기에 이런 것을 지닌 드라마가 오페라의 전신이라 할 수 있다.

오랫동안 carnival 시즌 마지막에 여는 가면무도회에서의 이태리 masquerade는 발레의 전신이었다. 이것이 불란서나 영국으로 전해지며 궁중 안에서 화려한 발레 형식으로 발전되고 거기에 걸맞은 화려한 음악들도 탄생한다. 권력이 교회에서 왕이나 귀족, 돈 많은 bourgeois로 이동하며 흥겹고, 세속적이며, 좀 더 쉽고 인간적인 감정을 드러내는 예술을 필요로 하는 시대를 살며 오페라 같은 종합 예술의 탄생은 자연스러운 결과가 아니었을까 생각한다.

이태리 사람들은 역사적으로 복잡하거나 불분명함은 좋아하지 않는 경향과, 멜로디에 대한 깊은 감정을 지녀왔다. 또 Florentine Camerata가 믿었듯 그리스 음악이 말과 음악의 완전한 혼합이라고 믿고, 말의 억양을 따라 격앙된(declamatory) 레시타티브를 사용한 monody의 단순해진 음악, 레시타티브와 아리아가 오페라를 만드는 계기가 된 것이다.

위에 나온 다성음악의 발달을 살펴보기 위해 Giovanni Palestrina 같은 르네상스 작곡가도 들어보는 것도 좋다. Allegri의 Misere mei, Deus 같은 곡은 14살의 모차르트가 바티칸을 방문했을 때 악보를 바티칸 라이브러리가 밖으로 내보이는 것을 금했지만 이 음악에 감동한 모차르트가 그대로 기억해 악보로 옮겨 놓았기에 세상에 알려진 계기가 되었다.

## 참고문헌

A Short History of Opera(Donald Grout)

## 참고 listening

Ordo Virtutum Hildegard Von Bingen(Opus art BBC)

Vespro Della Beata Vergine(Monteverdi Archiv John Eliot Gardiner)

Dancing Power of dance(R M associates Kultur)

# II

# 오페라 작곡가

# 몬테베르디
# Claudio Monteverdi
# (1567-1643)

Monteverdi의 오페라 Orfeo가 처음 상연된 1607년, 몬테베르디는 40살의 나이로 Mantova에 있는 Vincenzo Gonzaga 가문에서 제일 중요한 위치의 Master로 일하고 있었다.

17년간 그 가문에서 처음엔 viol(바이올린과 비슷한 현악기) 주자와 성악가로 시작해서 그 위치까지 갔지만 1608년 쓴 그의 편지를 인용하면 "19년 동안 만토바에서 일한 것은 내게는 불운이고 나에겐 해가 된 일이었다"고 말한 적이 있다. 가문의 교회 봉사와 관련된 일뿐 아니라, 궁중의 손님맞이 하는 행사, 경기들, 발레, 음악회 등 이 모든 것이 그의 책임 하에 있었다. 비록 그 가문에서는 하인처럼 일했지만 그는 벌써 8권의 성악곡 모음집을 출판하였고 1610년에 쓴 Vespro Della Beata Vergine(성모 마리아를 위한 저녁 미사)은 그가 Rome(Vatican)로 옮기고 싶어서 만토바에 있는 동안 쓴 작품이라고 추정된다. 이 작품을 Pope에게 직접 증정하기 위해 몬테베르디가 직접 로마로 갔었다고 한다. 이 곡의 일부는 바티칸 도서관에 보존되어 있다.

이 작품이 세상의 인정을 받아 그랬는지 Monteverdi는 1613년부터 1643년 그가 생을 마감할 때까지 당대의 가장 중요하고 권위있는 직장 중의 하나였던 Venice에 있던 Saint Mark's Basilica의 Maestro di cappella로 옮겨간다. 그의 남아 있는 오페라 걸작 율리시즈의 귀환(Return of Ulysses 1639)과 포페아의 대관식(The coronation of Poppea 1643) 등은 베니스에 있는 오페라 극장에서 초연되었다.

그의 작품들은 오랫동안 잊혀오다 20세기에 와서 출판도 되고 자주 연주되기 시작했다. 우리는 Van Gogh가 살아 생전엔 단 한 개의 작품도 팔지 못하다가 지금은 제일 비싼 화가가 된 아이러니에 웃곤 한다. Bach가 쓴 가장 위대하다고 생각되는 마태 수난곡 역시 소시지 싸는 종이 가게에서 발견되어 바흐 사후 150년이 지나 다시 세상에 나와 생명을 가지게 된 것이다. 당시에는 낡은 기법을 쓴다고 천대받았던 그의 작품들이 지금은 팝송이 되었으니... 이 외에도 수많은 다른 음악 작품들이 겪은 운명이다. 슈베르트 역시 그 당시 유행했던 로시니 열풍에 가려 자신의 위대한 교향곡은 그가 살아 있었을 때는 들어본 적이 없었고 모차르트도 죽은 후에나 오페라 마술 피리의 성공으로 그의 아내는 잘 살 수 있었다. 요즘은 이러한 어려움을 이용해 예술계에 온갖 사기꾼이 난무한 세상이 되어 버렸다.

몬테베르디의 오페라 Orfeo는 Mantua에 있는 Gonzaga의 집에서 귀족을 상대로 한 private 공연이 있은 후 19세기 말까지 완전히 잊혀졌던 오페라다. 비록 두 개 version의 악보는 존재하지만 사실상 그 위대한 몬테베르디의 연구도 그가 죽은 지 400년 후에나 악보도 활발하게 만들어지고 자주 연주되기 시작했다. 그 미스터리야 오직 하늘만 알겠지…

몬테베르디의 Orfeo에 대한 이야기를 하기 전 Orfeo라는 오페라에 대해 언급하는 것이 순서인 듯하다. 바로크 초기 작곡가, 시인, 철학자들이 그리스 문학에 관심을 가진 이래 그리스 신화에 나오는 아폴로(God of Muse)의 아들이며 음유 시인이었던 Orfeo와 Euridice(Orfeo ed Euridice)의 이야기는 수많은 작곡가(Gluck, Peri, Stravinsky, Offenbach) 등이 사랑하고 음악을 부친 드라마다. 그도 그럴 것이 내가 작곡가라면 어느 누구인들 그 시대의 Orfeo가 되고 싶지 않았을까? 더군다나 노래가 너무 아름다워 저승사자도 감동시킬 힘을 가졌다면 그것은 음악이 가질 수 있는 가장 강렬한 힘이 아니겠는가. 갑작스러운 Euridice의 죽음으로 인간이 겪는 너무나 애절한 사랑 이야기를 동시에 담고 있으니…

오페라의 역사에서 제일 처음 오페라라는 단어의 등장과 함께 가장 먼저 쓴 작품이 1600년 Jacopo Peri의 Euridice이다. 그 당시 그리스 신화 Dafne에 오페라를 쓴 작곡가도 수없이 많았지만 1598년 Rinuccini의 리브레토에 Peri가 작곡한 이 오페라는 음악 역사에 획을 긋는 사건이었지만 악보는 남아 있지 않다 .

피카소의 수학자 친구가 사물을 입체적으로 그리는 것이 더 사실에 가깝다고 말한 것이 cubism을 낳으며 현대 미술에 커다란 영향을 가져온 것 이상으로, 음악을 내용도 못 알아 듣도록 복잡하게 쓰는 데에 대한 비판(르네상스 다성 음악, 마드리갈에 대한 아마추어들의 비판), 음악은 스피치에 가깝게 단선율로 간단한 반주로 감정 표현을 드러내야 한다는 아마추어들의 주장이 오페라라는 새로운 장르를 탄생하도록 한 것이다.

오페라는 바로크가 낳은 아주 중요한 산물이다. 1600년 시인인 Rinuccini의 리브레토와 Peri에 의해 작곡된 Euridice는 악보가 남아 있는 최초의 오페라이다. Peri의 Euridice는 연극에 음악을 부친 것이다. 처음부터 전체를 음악적으로 기획한 드라마들과는 좀 다르다. 같은 해에 Caccini가 쓴 Orfeo도 남아있지만 Monteverdi의 Orfeo는 지금 들어도 대단히 현대적인 감각을 지닌 현재도 자주 연주되는 훌륭한 작품이다.

또 하나의 아이러니는 그가 르네상스 대표음악인 최고의 Madrigal의 작곡가이자 또한 최고의 Orfeo를 쓴 바로크 오페라 작곡가인 것이다. 오페라의 레시타티브를 쓰는 그의 기교는 몬테베르디 이후 아무도 그에 가깝게마저도 아름답고 expressive하게 쓴 작곡가가 없었다. 몬테베르디는 Orfeo의 리브레토를 쓴 Alessandro Striggio(당시 궁중 Secretary)와 함께 Gonzaga 공작을 따라 Florence에 있는 메디치 가문의 결혼식에 참석해 Peri의 오페라를 본 것으로 짐작된다.

17세기는 Cremona(몬테베르디의 출생지)에 있는 Amati 집안, 스트라디바리우스의 집안으로 이어진 현악기 제조의 전성시대였다. 이 시대에 걸맞게 Orfeo의 오케스트라는 41개의 악기를 사용했다(41명의 주자를 필요로 한 것은 아니지만). 또한 합창단, ballet, 또 훌륭한 성악가의 레시타티브와 아리아 이외에 strophic song(절수에 맞춘 반복과 변주도 있고 후렴도 있는 노래), 르네상스 마드리갈 같은 다성 음악 등 그 당시 있던 여러 가지 음악을 통합해 하나의 연결성 있는 pastoral drama로 만들어 낸 작품이다.

Orfeo는 chamber opera이다. 크지 않은 방에서 이태리어를 잘 알고 단테의 시도 잘 아는 고급 청중을 상대로 연주했던 오페라이다. 당대의 가장 유명했던 성악가이자 작곡가 Caccini로부터 훈련받은 테너와 바리톤을 오가는 Francesco Rasi가 Orfeo역을 맡았다.

요즘 상업화된 큰 콘서트장에서 수익을 목적으로 연주되는 많은 음악회, 유튜브의 조회수가 성공의 잣대가 된 세상적인 중요성들 때문에 우리는 음악을 왜 배우고 알려고 하는지 그 근본 목적을 잃어버릴 때가 자주 있다. 이런 의미에서는 그리스인들이 가졌던 음악에 대한 철학을 다시 한 번 새겨 보는 것이 좋을 듯하다. 음악이 우주의 질서와 연결된 harmonious 요소를 가졌다던가, 음악을 마음의 치유약으로 생각했다던가, 그래서 온전한 정신과 몸을 위해서는 음악과 몸의 훈련을 병행해야 한다는 철학을 다시 떠올려야 할 것이다.

음악을 알려는 근본 목적이 예를 들어 베토벤 피아노 소나타를 누가 제일 잘 치는가를 비교하며 찾기보다는 그의 후기 소나타에서 신과 그의 외로움을 이야기 하는듯한 외로움의 독백을 악보로 보며, 혹은 진정으로 음악을 들으며 알아가는 영적인 차원의 행위가 나의 삶의 깊이에 도움이 되지 않을까? 커다란 교회에 가서 사교 잘해서 권사, 장로 되는 비즈니스 행위가 믿음의 척도라기보다는 홀로 골방에서 기도할 수 있는 능력이 필요한 것처럼... 사실상 어떤 베토벤 피아노 소나타는 그가 골방에서 하는 독백을 우리가 엿듣는 순간이다.

음악도 좀 더 private하게 쓴 음악이라면 그것을 염두에 두고 알아가는 것은 중요하다. 작품이 작은 규모라고 해서 그 작품에 대한 가치가 격감되는 것이 아니다. 낭만주의 시대에 쇼팽이나 슈만처럼 miniature를 잘 쓴 작곡가를 상상해 보라. pastoral drama(그리스 신화에 나오는 신들이 머물며 거닐던 아름답고 평화스러운 풍경을 상상한 드라마)처럼 이상적이고 친근한 감정들을 커다란 규모로 표현하려고 한다면 원래의 취향과는 다른 작품이 될 수 있다.

아마도 영화나 스크린 예술의 발달이 이런 것에 대한 우리의 감각을 무디게 하고 혼돈을 가져다 준 게 아닌가 한다. 우리가 아는 여러 가지 chamber music이나 독주 악기 sonata들도 주로 작은 방에서 intimate한 청중을 상대로 연주되던 곡들이었다. 그것을 잘하느냐 못하느냐도 중요하겠지만 그로 인한 너와 내가 함께하는 체험, 교감들이 중요했던 것이다.

요즘은 한국에서 골프를 치는 것이 사교의 잣대가 되듯이 그 당시 유럽의 상류층 사람들에게는 음악이나 문학에 대한 지식들이 신분의 교양을 나타내는 잣대였던 것이다. 내가 알던 한국의 큰 조선회사 사장이 이야기하기를, 지금도 자기가 배를 팔려고 그걸 사려는 유럽 고객들을 만날 때 그들 대부분이 저녁 먹고 파티에서 악기 연주하는 것을 자주 체험했다고 한다. 몇 년 전 일본에서 독일문화원장으로 있는 친구의 초대로 가서 본 연극은 오래된 일본 양반의 집에서 집과 정원을 배경으로 한 음악이 딸린 일본 전통 연극이었다. 정말로 그 순간 17세기 먼 옛날을 다시 살다 온 느낌의 아름다운 체험이었다.

우리나라도 마당에서 했던 탈춤이 있는 마당극이 비슷한 종류의 한국판 오페라 같은 드라마였을 것이다. 이런 것들이 좀 더 본래의 형태로 자주 연주되고 지금이라도 생활 가까이 즐길 수 있도록 보존하며 이어가도록 노력하는 것은 중요한 일이다. 그나마 조금 남은 것이라도 우리의 귀한 것들을 보존하도록 애썼으면 좋겠다.

어버이날 효도한다고 세종문화회관 같은 데서 무더기로 사람을 모아 큰 무대에서 연주의 질에 상관없이 연주하고 TV에 방영하는 것은 좋은 것을 지키는 노력이기보다는 귀한 것을 천하게 하는 혼돈을 가져다 줄 수 있다.

예술 작품은 거기에 걸맞은 장소에서 격에 맞게 공연하고 그것을 알리는 것이 안 그래도 쉽지 않은 예술 세계를 이해하고 함양시키는 데 도움이 될 것이라 믿는다.

Orfeo의 이야기는 저승사자의 마음도 움직일 힘을 가졌지만 자신의 감정을 조절할 힘은 갖지 못했던 주인공의 이야기다. 그것이 바로 우리 이야기이기에 universal appeal을 가지고 있는 게 아닐까?

1막에서의 시작의 fanfare는 레코드 회사가 자기 회사의 시그널 음악으로 사용해서 몬테베르디가 쓴 작품 중 제일 잘 알려졌다. 1막은 다른 바로크 오페라와 크게 다를 것 없다고 느끼겠지만 2막의 메신저가 Euridice의 죽음을 알리는 시작부터 드라마의 말과 음악이 하나 되는 극적인 장면의 새로운 레시타티브 스타일의 등장과 함께 이 드라마는 고조되고 novel(최첨단) 장면이 시작된다.

3막에 나오는 'possente spirito (Mighty Spirit)'는 언제 들어도 감격스러운 아리오소이고 성악가의 기교를 마음껏 뽐낼 수 있는 노래다. 몬테베르디의 오페라에서는 엄격한 의미의 아리아는 아직 존재하지 않는다. 그러나 그의 레시타티브는 후에 사용된 소위 recitative secco와는 비교도 되지 않는 아무도 흉내낼 수 없는 감정의 표현을 지니고 있다. 이걸 들으며 그리스 드라마를 재현해보려는 그들의 노력도 다시 느낄 수 있다.

이 노래로 그는 underworld의 문지기 Charon(bass)을 잠들게 하고 물을 건너 Pluto를 만나러 간다. 1막에서 Accardia는 현악기로 주로 묘사되어 있고 저승은 주로 관악기를 사용한다. 많은 앙상블 음악이 dance 형태를 지니고 있고 6/8 박자에서 3/4 박자로 교차하는 헤미올라 리듬도 자주 쓰인다. 처음으로 오페라에서 사용된 shepard(양치기소년)의 이중창도 있다. 각 막이 끝날 때마다 합창으로 마감한다.

Orfeo 오페라는 결혼식에서도 자주 사용했기에 ending을 둘의 결합으로 스토리로 바꾼 version과 원래 신화처럼 Orfeo가 Euridice의 비명을 견디지 못해 뒤를 돌아봐 Euridice가 죽는 비통함으로 끝낸 version이 있다. happy ending은 드라마틱한 원래의 의미를 왜곡했지만 후원자가 원하던 때와 장소에서 이루어졌기에 피해갈 수 없는 결과였을 것이다.

이 오페라는 몬테베르디가 첫째 모든 장르의 음악을 통합했고, 둘째 드라마와 음악의 완전한 결합을 이루었고, 셋째 말을 극대로 멋있게 만든 레시타티브 음악의 멋진 본보기이며, 마지막으로 그리스인들의 생각이었던 음악이 괴로운 마음과 잔혹한 영혼도 달랠 수 있다는 힘을 가졌다는 이상을 나타낸 작품이다.

다음은 몬테베르디의 마지막 작품이고 인간의 여러 가지 유머러스한 이야기를 다룬 세속적이고 현대적 감각을 지닌 걸작인 Poppea의 대관식(1643)에 대해 이야기하고자 한다.

74세의 나이가 된 후 작곡한 이 작품은 Verdi가 생의 후기에 작곡한 위대한 오페라들을 떠오르게 한다. 그의 기교도 한창 무르익었고 유머를 가지고 인생을 여유있게 바라볼 수 있는 작품이다. 이 작품은 처음으로 쓰여진 역사적 인물에 대한 이야기라는 면에 있어서 특별하다. 어떤 신화에 나오는 인물이 아니라 우리가 보통 보는 인물에 대한 이야기이다. 게다가 비도덕적이고 나쁜 사람이 주인공이고 권력과 사랑에 미친 네로와 포페아의 감각적이고 감미로운 사랑 이야기다.

음악 역사학자 Donald Grout의 말을 인용하면 "이 음악은 거창하지도(spectacular) 않고, 이중창 빼고는 앙상블도 몇 개 안되고, 대단한 장면도 없다. 작곡가의 위대성은 인간의 성격과 passion을 해석해 나가는 힘에 있다." 몬테베르디는 이야기에 나오는 인물들의 관계들을 생생하게 그렸다. 더군다나 네로와 포페아 사이의 유혹적이고 음란한 사랑 이야기가 현실감 있게 그려져 있다. 그 당시 사람들도 상류사회의 음모나 비밀스러운 이야기들을 모르지는 않았으리라.

몬테베르디는 자기 부인이 1608년에 죽은 후 나중에 1632년 베니스에서 신부가 된 신분에서 이 곡을 썼다. 당시 베니스의 재미있는 역사적 배경에 대해 알아보는 것은 흥미로운 일이다.

13세기 후반부터 베니스는 셰익스피어 연극에서도 볼 수 있듯이 상인이 가장 많이 들락거리는 번창한 상업 도시였다. Muslim, 유태인 할 것 없이 외국인이 많이 드나들던 항구 도시로 한때는 2천 명의 기생들이 있던 도시였다. 비발디가 가르치던 학교도 그런 도시에서 생겨난 사생아들이 다니던 학교였다. 이러한 역사적 배경이기에  당연히 도덕성을 요구하는 가톨릭교회의 중심이었던 로마와는 적대적 관계일 수밖에 없었고 자주 전쟁을 하는 사이였다.

장사로 부유해진 베니스 시민들은 세속적인 오페라를 아주 좋아했다. 1637년 처음으로 베니스에 오페라 극장이 생겼으며 상업으로 돈 번 시민들이 아무나 표를 사서 들어 갈 수 있는 대중 극장이 시작된 곳이다. 교회의 master였던 몬테베르디는 훌륭한 성스러운 음악을 썼지만 이러한 사회적 배경과 함께 오페라를 좋아하는 시민들과 살면서 다시 오페라에 관심을 가졌다. 더군다나 자기보다 30살이나 젊은 Busenello의 리브레토는 과감하고 아름답고 변화무쌍하고 혁신적이다. Busenello는 Accademia degli Incogniti(당시 베니스에 있던 영향력 있고 방종한 조롱을 일삼는 지식인들의 모임)의 멤버였다.

이 리브레토의 역사적 줄거리는 Tacitus의 책의 8권 중 The Annals of Imperial Rome(로마 제국의 연보) 포페아에 대한 묘사 안에 담겨있다. 당시에는 작가가 역사적 내용을 바꾸는 게 허용되었기에 몇 개의 내용들은 사실과 다르다. 오페라의 마지막 사랑의 장면과는 다르게 네로는 임신한 포페아를 때려 그로 인해 죽었다는 설도 있다.

오페라의 prologue는 Fortune(행운)의 신과 Cupid(사랑)의 신과 Virtue(미덕)의 신이 누가 가장 힘이 강한가를 겨루는 다툼으로 시작한다. 행운은 Virtue에게 그것을 지키다 얼마나 가난하게 살아가야 하는지 조롱한다. 오페라에서는 처음부터 오톤(네로의 secretary general)이 네로의 심부름으로 외국에 갔다 집으로 돌아왔을 때 자기의 부인인 포페아가 네로와 사랑에 빠져있어 집으로 들어가지 못하는 장면부터 시작된다.

포페아는 황후가 되고 싶어 네로에게 부인 오타비아를 추방하라고 한다. 또 네로의 마음을 조절하려고 한다고 네로의 선생이었던 세네카에게 사약을 내리라고 조종한다. 다른 한편으로는 왕후 오타비아가 포페아를 죽이려는 음모를 꾸미고 그 일을 오톤에게 시킨다. 오톤은 자기를 짝사랑하는 포페아의 시종 드루실라의 옷을 입고 변장하여 포페아가 정원에서 잠든 사이 죽이려 하지만 실패한다. 이 일이 발각된 후 드루실라는 자기가 혼자 한 일이라고 거짓 고백을 하지만 사실을 알게 된 네로가 드루실라와 오톤을 같이 귀양 보내고 오타비아는 추방당한다.

오타비아 왕후가 추방당하기 전 부르는, 로마에 고별을 고하는 독백의 레시타티브는 초기 Florentine Camareta가 무엇을 원했는지를 실감케 하는 걸작의 레시타티브이다. 오페라의 마지막은 포페아와 네로의 더할 나위 없이 감각적이고 유혹적인 유명한 사랑의 이중창 Pur ti Miro "난 당신을 보고 있습니다. 당신을 가집니다."(I gaze at you. I possess you)로 끝난다.

몬테베르디 후기의 오페라로 오면서 오페라에서 합창은 점점 줄어든다. 아마도 비용의 문제였으리라 짐작된다. 합창단이 필요할 때는 교회 합창단을 쓰는 것이 관례이었을 것이다. 사실 여러 파트나 어떠한 악기를 사용할 것인가에 대한 것도 score에는 명확히 명시되어 있지 않다. 한동안 포페아의 제일 마지막 노래 Pur ti Miro에 대해 그의 제자였던 Cavali의 것인지 Sacrati의 것인지에 대한 논쟁도 많았다.

몬테베르디의 음악이 세상에 알려지기가 힘들었던 이유 중 큰 원인은 그의 악보는 주로 뼈대만 그려져 있기에 그것에 대한 해석이 어렵고 해석하는 사람에 따라 많이 달라지는 데 있었다. 그렇기에 Poppea의 version은 지금도 연주에 따라 달라지는 여러 가지가 있다. 또한 바로크 시대의 연주자나 가수들도 대부분 동시에 작곡가였기에 그들은 즉흥 연주로 장식음을 자유롭게 부쳤다. 20세기에 와서 활발해진 early music에 대한 관심과 사랑으로 인해 이 위대한 음악이 우리들 가까이 왔다.

## 참고 문헌


The Letters of Claudio Monteverdi

(Translated and Introduced by Denis Stevens Cambridge)

First Nights, Thomas Forrest Kelly(Yale University Press)

Five Centuries of music in Venice

(H.C. Robbins Landon and John Julius Norwich Schirmer Books)

The Birth of an Opera(Michael Rose, Norton & Company)


## 참고 listening

L'Orfeo(Nikolaus Harnoncourt)

L'incoronazione di Poppea

(Nikolaus Harnoncourt Deutsch Grammophone)

L'incoronazione di Poppea

(William Christe Virgin classic)

Cecilia Bartoli Live in Italy(Decca)

Philippe Jaroussky  La Voix Des Reves(Virgin classics)

# 헨델
# George Fredric Händel
# (1685-1759)

1685년은 신이 인류에게 내려준 선물이 큰 해였다. 같은 해에 J.S. Bach와 헨델과 Domenico Scarlatti가 태어났으니. 헨델에 대해서는 그가 당대에 인기 있고 왕과 귀족으로부터도 많은 사랑을 받았음에도 그의 성격이 한편으로는 private해서 여러 가지가 베일에 가려져 있다. 그는 결혼하지 않았고 자식도 없었으며 스캔들도 별로 남기지 않았다. 다행히 그의 메시아가 하도 유명해서 그의 음악은 한 번도 잊혀진 적이 없었고 언제나 크리스마스 때가 오면 다시 연주되는 작품이다. 음악 역사상 아마도 그런 history를 가진 유일한 작품일 것이다. 이 곡은 런던 청중의 기호가 변덕스러워 헨델이 어려움을 겪을 때 아일랜드에서 위촉한 작품이다.

하이든이 영국을 방문했을 때 들었던 메시아는 그에게 깊은 인상을 남겼고 하이든이 비엔나에 돌아와 천지창조와 The Season 오라토리오를 쓰는 영감을 불러일으킨다. 이 곡은 베토벤 9번 교향곡의 모델이기도 하다. 헨델은 베토벤이 가장 좋아하는 작곡가였다. 헨델의 최소한의 재료로 최대의 효과(vast effect with simple means)를 갖는 간편성은 베토벤의 롤 모델이었다. 이것은 결국 classical시대의 음악으로 이어가는 역할을 한다.

그는 여러 왕과 귀족의 총애를 받았는데 그도 그럴 것이 그의 작품은 가장 웅장하고 위엄 있으며 majestic하고 pompous(뽐내는)한 성격을 띠고 있다. 어느 왕인들 자기가 출두할 때 그러한 곡을 맞춤처럼 써준 작곡가를 사랑하지 않을 수 있겠는가. 최고의 의상이나 장식도 그러한 분위기를 대신할 수 없었으리라. 또 그의 작품은 묘한 성격을 띠어 오케스트라 파트를 여러 개의 악기로 doubling을 해도 그만큼 웅장해질 뿐(grand) 시끄러워진다든가 다른 문제를 가져오지 않는다. 그렇기에 때와 장소에 따라 작은 규모로도 할 수 있고 큰 규모로도 할 수 있다.

몬테베르디와 헨델이 100년 이상의 연수가 차이 나는데, 우리가 그들을 바로크 시대 작곡가라고 할 때는 어떠한 특성이 그들을 같은 시대로 분류하게 하느냐를 아는 것이 중요하겠다. 대체로 편의상 바로크 음악을 1600년부터 1750년까지로 잡는다. 1600년은 오페라의 탄생의 해로 잡고 1750년은 바흐가 죽은 해이기에 편의상 음악학자들이 그렇게 분류해 왔다.

지난번 몬테베르디 편에서 언급했듯이 바로크는 오페라에서 monody의 사용이 많아지면서 간단한 베이스에 멜로디를 부치는 음악이 유행한다. 그와 함께 basso continuo시대가 열리는 것이다. 베이스 라인이 화성을 이끌면서 polyphony에서 점점 homophonic(간단한 화성과 멜로디가 분명한) 음악으로 차차 변천해 가는 시기이다.

바로크 음악은 modal 화성에서 codified된 기능 화성으로 변해 가는 시기다. 종지부(cadence)와 화성의 진행 과정이 더 또렷해지고 점점 장, 단조의 성격을 띠게 된다. 여러 가지 악기의 발달과 크레모나(Amati, Stradivarius, Guarneri 등)에서 현악기의 전성시대를 이루며 concertato style, sinfonie의 등장으로 기악 음악의 전성시대이기도 했다.

또한 루이 14세의 왕권을 강화하려는 방법 중의 하나는 춤을 중요시한 것이었고(그는 본인이 춤을 추었다) 이것은 강한 왕인 루이 14세를 모방하고 싶어했던 온 유럽의 왕과 귀족들에게 퍼져 나갔다. 루이 14세 궁중의 음악 책임자인 J.B. Lully(1632-1687)의 오케스트라에서 French overture와 여러 가지 dance 음악들이 그들의 form(형태)을 완성해 나가며 조곡의 형식을 만들어 나갔다. 불란서 음악은 멜로디에 많은 장식을 부친 이태리 아리아와 다르게 불어의 특성상 훨씬 리드미컬하며 오케스트라 음악에 맞게 좀 더 엄격한 리듬으로 발전해 나갔다. 바로크 시대에 와서 여러 가지 기악 음악의 눈부신 발달과 성악 음악과의 상호작용으로 오페라에서나, 독립적인 콘체르토나, 조곡 안에서 전에 없던 음악 용어(musical idiom)의 발전을 이룬다.

또한 루터의 종교 개혁과 더불어 교회 안에서 독일어의 사용은 독일 언어의 특성상 이태리 언어의 melismatic(한 모음에 여러 음을 넣는 장식을 많이 가진)한 음악과 다르게 syllabic(한 모음에 한 음)한 음악을 발전시킨다. 그와 함께 합창 음악의 발전이 헨델의 오라토리오 안에서 새롭게 이뤄지며 후에 Gluck의 오페라에서도 결정적인 역할을 한다.

바로크 음악은 dance 음악의 발달과 함께 소절의 개념이 또렷해지고 기억하기 쉬운, 박자가 분명한 음악들로 발전한다. 북부 독일의 대위법적 작품 스타일, Couperin의 대표적인 아름다운 장식의 음악, 불란서에서 발달한 dance 조곡, 이태리 음악의 아름다운 멜로디와 화려함, 이처럼 각 나라의 독특한 장점을 잘 통합하여 완성시킨 대표적인 작곡가가 바흐와 헨델이다.

헨델은 독일 중부 Saxon지방 Halle에서 63세의 아버지가 첫 번째 부인을 사별하고 두번째 결혼한 목사의 딸이었던 32세의 엄마 사이에서 태어났다. 헨델의 아버지는 barber-surgeon(이발사이며 간단한 수술을 하는 사람)이었다. 로시니의 세빌리아의 이발사에서 보듯 이발사는 가위질 잘하는 팔방미인으로 동네 온갖 일을 처리할 수 있는 사람이었다. 헨델의 아버지가 전처에게서 난 아들(헨델보다 30살 위의 형)을 보러 Weissenfels에 갔을 때 헨델은 몰래 걸어서 따라가 하룻밤 여관에 묵고 있는 아버지를 만났다고 한다.

Weissenfels에서 공작의 barber-surgeon으로 일하던 형 집에서 공작을 만났는데 그 앞에서 헨델은 오르간 실력을 뽐냈다고 한다. 이 연주를 본 공작은 헨델의 아버지가 음악 공부를 반대하는 것을 말리고 흔쾌히 그가 음악 교육수업을 받도록 돕겠다고 제안한다. 헨델의 아버지는 아들이 음악가가 되는 것을 마땅치 않게 여겼지만 돌아와서 Mariankirche의 오르간 주자였던 Friedrich Zachow의 음악수업을 받게 한다. 헨델의 재능을 알아본 Zachow는 헨델에게 오르간, 하프시코드, 바이올린, 오보에, 성악, 작곡 등 모든 분야의 훈련을 시킨다.

어렸을 때도 Zachow가 자리를 비웠을 때 대신 할 수 있었던 헨델은 18세에 할레교회 오르간 주자가 된다. 그는 스카를라티와 경쟁할 만큼 훌륭한 harpshicord 주자였으며 유명한 바이올린 주자였던 Corelli 앞에서도 시범연주할 만큼 바이올린도 잘 했고 오보에도 할 줄 알고 오보에를 좋아해 그의 작품에는 오보에를 많이 사용했다.

당시의 바흐가 여러 master의 악보를 copy하며 배웠던 것처럼 악보를 베껴가며 화성학, 대위법, 작곡을 익혀갔다. Zachow는 자신이 여러 가지 스타일에 능통한 작곡가였고 좋은 음악가였기에 헨델에게 좋은 이태리와 독일 작곡가를 소개했다. 함부르크에서 만난 Matheson의 말에 의하면 그는 멜로디만 빼고는 Kuhnau(바흐가 있던 라이프찌히 교회의 전임자)보다도 대위법, 화성이 훌륭했다고 한다.

1702년 할레대학 법률 학도로 입학한 헨델은 Christian Thomasius 같이 인간의 존엄성과 생각의 자유를 존중하는 리버럴한 사상가의 영향도 받고 August H. Francke처럼 고아들을 돌보는 기관을 운영하는 교수를 만난다. 이것은 나중에 런던에서 자선 활동을 하고 꿋꿋이 자유인으로 살아가는 헨델의 정신을 형성하는데 영향을 준 것으로 생각된다.

1703년 헨델은 함부르크에 있는 Oper am Gasenmark 오케스트라에 바이올린과 하프시코드 주자로 일하러 간다. 당시의 함부르크는 북쪽의 베니스로 무역이 번창하고 가장 큰 오페라 하우스가 있던 도시였다. 그의 자유분방한 성격은 함부르크 같은 도시에 매력을 느끼게 했을 것 같다. 그곳에서 당시에 독일의 유명한 Reinhard Keiser와 Johann Mattheson와 같은 작곡가를 만난다.

Keiser는 그가 일하고 있는 오케스트라의 음악감독이었다. 그들이 도시를 떠난 사이 오페라 작곡도 위촉 받아 그의 첫 오페라인 Almira, Nero 등을 작곡하고 이 오페라는 초연된다.

저명한 음악역사학자 Manfred Bukofzer는 헨델의 작품 시기를 1, 2, 3기로 나눈다. 1기는 독일 Apprentice 시기로 1706년 그가 이태리로 떠나기 전으로 본다. 2기에 헨델은 Florence뿐 아니라 로마, 나폴리, 베니스 등 여러 곳을 왔다 갔다 하며 카니발 시즌에는 베니스에 가서 오페라를, 로마에서는 여러 가지 sacred 음악을 듣고 작곡하며 당대의 유명한 작곡가들인 Alessandro와 Domenico Scarlatti, Corelli, Marcello, Steffani를 만난다.

그의 뛰어난 오르간 실력과 Harpsichord 실력은 사람들을 만나는 데 도움이 되었으리라고 본다. 코렐리는 그에게 concerto style과 오케스트라 기법을 확실히 보여줬고, 알레산드로와 스카를라티로부터 칸타타와 오페라에 쓰여진 이탈리안 멜로디를 익혔으리라 짐작한다. 당대의 막강했던 후원자였던 Cardinal Pietro Ottoboni, Benedetto Pamphili, Carlo Colona의 리브레토에 오라토리오와 칸타타를 작곡한다. 그가 처음으로 이태리어로 작곡한 오페라 Rodrigo(1707)는 Florence에서 공연되었고 1709년 작곡한 오페라 Agrippina는 Grimanis가 소유한 베니스의 San Giovanni Grisostomo 극장에서 공연된다.

Grimani는 로마로 온 베니스 대사였으며 그의 집안은 베니스에 극장을 3개나 소유하고 있었다. Cardinal Grimani의 리브레토에 붙여 27일 동안 연주된 이 오페라는 대성공을 거두었고 그에게 새 'Il Caro Sasson'이라는 별명도 붙여준다.

그러는 동안 그는 이태리어에 능숙해졌을 뿐 아니라 점점 아름다운 멜로디와 소리를 만들어 갔으며 그의 유쾌한 concerto grosso 형식도 완성해 나간다. 당시 이태리에서는 수난기간에 오페라의 연주를 금했고 로마에서는 오페라 연주를 완전히 금하는 동안 그는 많은 오라토리아와 종교 작품도 작곡한다. 워낙 적응력이 뛰어났던 헨델은 어딜 가나 환영 받았고 연주자에 맞추어 각 악보도 그에 맞게 잘 써 주는 것으로 유명했다.

당대의 관례이긴 했지만 그는 자신의 다른 작품에서 쓴 것들을 다시 가져와 쓰는 짜깁기를 잘 했으며 어떤 때는 다른 사람의 멜로디도 갖다 썼다. Rinaldo의 유명한 아리아 '울게 하소서'도 Agrippina에서 쓰여졌던 멜로디이다. 1710년 헨델은 Steffani의 뒤를 이어 이태리를 떠나 Hanover로 직장을 옮긴다. 그러나 오래 머물지 않고 영국으로 떠난다. 나중에 이 하노버 궁중의 주인인 George 1세가 영국 여왕의 먼 친척이라 영국의 왕이 되었기에 헨델이 오랫동안 자리를 비운 것을 용서 받을 수 있었고 영국에 머물 수 있었다.

3기 런던 시기를 맞는다. 1711년 런던에서 그의 이태리 오페라 Rinaldo의 성공으로 그는 하룻밤 사이 유명해진다. 그는 자기가 썼던 오페라의 멜로디 여러 개를 가져와 짜깁기도 해가며 2주만에 이 오페라를 쓴다. Aron Hill이 매니저로 있으며 영어로 번역한 팸플릿도 팔고, 당대의 유명한 카스트라토 가수가 노래한 이 오페라는 그에게 큰 명성을 가져다  준다. 그는 당시의 영국 여왕 Anne과, 상류 사회 귀족들과 지식인들과도 가깝게 지낸다. 그는 Alexander Pope나 걸리버 여행기를 쓴 Jonathan Swift와도 잘 알고 지냈고 렘브란트의 그림을 소유도 하고 있는, painting에 대해서도 잘 아는 수집가이기도 했다.

당시 런던은 돈이 많은 큰 도시였지만 존 블로우(John Blow)나 헨리 퍼셀(Henry Purcell)이 죽은 후 이렇다 할 작곡가는 없는 황무지였다. 주로 English Masque나 이태리에서 수입해 온 성악가와 작곡가가 음악 문화를 이끄는 도시였다. 사실상 유럽의 다른 나라의 모든 귀족들도 이태리 음악가(루이 14세 궁중의 Lully도 출생이 이태리 사람이었다)를 고용하기를 원했고 그들은 훨씬 더 높은 급료를 받았다. 유명한 성악가, 특히 이태리에서 온 카스트라토의 출연료는 작곡가보다 높았고 관중들은 주로 성악가의 기교를 보기 위해 왔다. 소프라노 역의 등장으로 또한 여성 성악가의 위치도 동시에 높아졌다.

영국에서는 셰익스피어로부터 내려온 언어만으로 된 드라마가 상류 사회에서의 주관심이었고 오페라는 사치스러운 이상한 예술이라고 생각하는 사람들도 많았다. 헨델은 오페라 이외에도 그

때 그때 필요에 따라 제조할 수 있는 만능 기술로 anthem, 대관식 음악, 오케스트라 음악도 훌륭하게 작곡해냈기에 왕의 총애와 그의 명성을 이어갈 수 있었다.

헨델의 오페라에 대해 이야기하기 전 당시에 유행하던 opera seria에 대해 설명하는 것이 좋겠다. 처음엔 하류층 음악이라고 천시하던 opera buffa와는 다르게 오페라 세리아는 어떤 공식 같은 규칙이 있는 주로 상류층을 위한 오페라였다. 내용들은 주로 신화에 나오는 인물이나 Ceaser 같은 왕이나 영웅을 다루는 내용으로 왕들을 즐겁게 하기 위한 스토리가 많았다.(왕의 미덕에 대한 이야기, 사랑, 질투, 화합으로 끝나는 ending 등)

바로크 초기에 있었던 expressive하고 declamatory한 레시타티브와는 다르게 후기에 와서는 recitative secco로 빠른 action을 설명이나 대화로 지나가는 레시타티브와 아리아를 쌍으로 부르는 음악 형식으로 바뀐다. 헨델의 아리아에서는 악기와 대위법적 요소를 써서 듀엣이나 앙상블로 이어지는 아리아도 많이 있다. 아리아는 주로 Da Capo 아리아로 A-B-A 형식을 가지고 있으며 A 부분으로 다시 되돌아왔을 때 성악가의 장식과 기교로 뽐내는 노래를 보기 위해 청중들이 왔던 것이다.

오페라에서 합창은 거의 사라졌다. 오페라에서 사용한 아리아들은 여러 형태의 dance 음악과 concerto style을 주로 사용했다.

음악역사학자 M. Bukofvzer는 헨델이 주로 사용한 아리아를 4가지 형태로 나눈다.

첫 번째, Siciliano 목가적(idylic)인 감정의 표현이나 어두워져오는 내적 갈등을 느낄 때의 아리아이다.

두 번째, bel-canto cantilena 3박자 음악으로 sarabande나 느린 미뉴에트를 사용하며, 울게 하소서나 Serxe의 유명한 largo 아리아가 그 예이다.

세 번째, allegro 아리아로 승리나 기쁨의 감정을 나타내는 bourree, allemande나, gavotte의 사용이었다.

네 번째, courante나 minuet의 성격을 가진 잘 알려진 멜로디들을 사용했다. dance에 속하지 않는 콘체르토 스타일에서는 화려하고 웅장한 스타일의 유니즌(다른 성부가 같은 소리를 내는 것)을 쓰는 것을 좋아했다.

우리가 아는 대부분의 음악 형식들, 특히 기악 음악, 심포니, 콘체르토, 소나타들이 오페라에서부터 그 기원이 시작되었다는 것을 알면 이 오페라 안에서 다양한 형태를 지녔던 음악을 알아가는 것은 다음에 오는 클래식 시대의 음악을 이해하는데 필수적인 것들이다.

헨델은 영국에서 자신의 후원자의 도움으로 오페라를 주식회사처럼 차려 한때는 돈도 많이 번다. 아마도 음악 역사에서 헨델처럼 자신이 회사를 운영하고 impessrio 역할도 하고 작곡과 연주도 한 음악가는 없었을 것이다. 그는 30년의 세월에 걸쳐 거의 40편의 오페라를 쓴다. 그의 Giulio Cesare(1724), Rodelinda(1725), Orlando Furioso(1733) 등은 당시에도 커다란 성공을 이루었고 지금은 자주 재연되는 오페라이다.

헨델의 오페라가 마지막에 파산한 이유는 음악적인 문제보다는 오페라의 scenery, 의상, 기계 장치 등의 막대한 비용으로 수지타산이 맞지 않고, 중산층의 청중들이 모르는 외국어를 쓰는 음악에 흥미를 잃고, 다른 이태리 사람들을 후원하는 오페라단과 경쟁하는 데다 Beggar's Opera 같이 서민이 좋아하는 음악의 등장으로 opera seria는 설 자리를 점점 잃어간다.

헨델은 화려한 의상도 필요로 하지 않고 평상 복장을 입는, 무대 세트나 장치도 필요로 하지 않고, 아무 극장에서나 공연할 수 있고 영어 가사를 사용해 보통 사람들도 알아듣고 영국 사람들을 갖다 쓸 수 있는 거대한 합창이 있는 오라토리오를 쓰기 시작한다.

좋은 작곡가가 별로 없었던 영국에서 Anglican 교회음악도 연구해 새로운 웅장한 영국 교회를 위한 영어로 된 합창음악을 만들며 그는 영국의 아이콘이 된다. 아직도 왕위 계승식에서는 그의 음악을 사용한다. 지금도 런던에 가면 그가 살던 25 Brook Street의 집이 그의 박물관으로 쓰인다. 헨델은 1727년 영국 시민이 되었고 앤 여왕뿐 아니라 George1 세, 2세로부터도 연금을 받고 많은 자선 사업도 하고 Westminster Abbey에 묻힌다.

앞에서 몬테베르디의 음악이 400년이 지난 지금 사람들이 그의 위대성을 재발견하듯이 그의 오페라도 거의 2, 3백 년 동안 잊혀오다 옛날 음악에 관심 있는 사람들의 운동과 함께 다시 자주 연주되기 시작했다. 20세기 후반에 와서 음악계의 좋은 작품이 별로 없고, 옛날 음악을 연구하고 훌륭한 연주를 하는 그룹들이 많이 생겨났다.

헨델의 메시아도 엄숙한 것보다는 현대 생활에 익숙한 stage나 연기도 하는 무대, 동시에 밝고 깊은 감정 표현들을 생생하게 우리와 직접적으로 느끼게 하고 expressive한 레시타티브, 보통 사람들도 알아들을 수 있는 fugue, 게다가 좋은 앙상블들의 탄생이 헨델을 300년이 지나 다시 우리에게 가깝게 오게 했다. 어떤 사람들은 메시아를 coronation anthem이라고 부르는 것처럼 그의 할렐루야 합창의 '왕 중 왕'은 진짜로 예수가 왕으로 즉위하는 것처럼 들린다.

헨델은 25개의 오라토리오를 썼다. 그의 오라토리오는 그가 40개의 오페라를 쓴 드라마틱한 천재라는 것을 배경으로 종교적인 작품보다는 종교적인 스토리가 있는 성경에 나오는 인물에 대해 이야기하는 dramatic theatre로 보는 것이 더 정확한 것 같다. 그의 오라토리오가 극장에서 가끔은 남녀의 연기를 사용하며 상연되는 것 때문에 교회(authority)의 원성도 샀다.

바흐의 German Passion과는 다르게 그의 박식함과 함께 단순하고 아름다운 음향을 좋아하는 영국 교회 음악의 전통을 살려 영어를 가사로 쓴 거대한 합창이 주된 역할을 하는 드라마틱한 오라토리오를 쓴 것이다. 헨델은 또한 막간에 자신이 오르간 연주를 하는 것을 즐겼다고 한다. 메시아는 1741년 더블린에서 병원과 석방된 죄수들을 돕기 위한 자선음악회로 공연된다. 작은 오케스트라와 더블린 성당에서 데려온 합창단과 헨델이 런던에서 데려간 몇 사람의 악장과 성악가, 나머지는 전부 더블린에서 구한 사람들로 이루어졌고 700명 남짓한 관객이 들어가는 극장에서 이루어졌다. 1742년부터 헨델은 오페라 쓰는 것을 그만둔다.

메시아의 리브레토는 주로 성경에서 가지고 온 이야기들이다. 리브레토를 쓴 Charles Jennens(1700-1773)는 부유한 토지의 소유자로 그 당시 갈등이 많았던 종교관으로부터도 독립되고 하노버의 지배를 받는 영국 왕조에 대한 불만을 가진 사람이었다. 그는 문학이나 음악에 대해서도 박식했고 헨델의 오라토리오를 자신이 하프시코드로 지휘할 수 있을 만큼 잘 알았다. 그와 헨델의 관계는 그 후 다른 오라토리오의 리브레토를 쓰는 것으로도 이어진다.

헨델 인물에 대한 전기는 1760년 헨델이 죽은 다음 해에 John Mainwaring 목사에 의해 쓰여졌지만 주로 헨델의 친구이고 비서였던 John C. Smith에게서 들은 이야기에 오류가 많다. 게다가 헨델은 자신의 사생활에 대해서는 입을 다문 성격 때문에 사람들이 관심을 가진 사랑이나 gossip에 대한 이야기도 없다.

그는 대식가였고, 거구였으며 그의 음악만큼이나 그의 대화에서는 강한 독일 악센트에 영어, 불어, 이태리어, 독일어를 전부 섞어가며 말했다고 한다. 그를 직접 알았던 Charles Burney에 의하면 "그는 언제나 커다란 하얀 가발을 쓰고 있었으며 연주가 잘 진행되고 있으면 만족스러운 듯 머리를 끄덕이며 만족스러운 진동을 느낄 수 있었다. 그의 표정은 주로 근엄했지만 미소를 지으면 마치 먹구름 사이로 해가 갑자기 나오듯 갑자기 다른 사람에게서는 볼 수 없는 intelligence과 wit와 humor를 볼 수 있었다."

한번은 그가 데리고 다니던 악장 Dubourg가 중간에 ad lib로 즉흥연주를 좋아해 헤매다 끝맺음을 하니까 'Welcome Home'하고 소리지를 만큼 유머가 있는 사람이었다. 헨델은 그에게도 유산을 남겨 줬다. 헨델은 바흐처럼 노인이 된 후에는 눈이 안 보이게 되었다. 그가 죽었을 땐 그의 유언에 많은 사람에게 많은 유산을 남겨 주었을 만큼 부유한 사람으로 생을 마감했다.

## 참고문헌

David Burrows Master Musician Händel(Oxford)

Christopher Hogwood Händel(Thames and Hudson)

Paul Henry Lang Händel(Norton)

## 참고 listening

Messiah(Theater an der Wien)

(Jean Christophe Spinosi Unitel)

Giulio Cesare(Decca)

Rodelina(Decca)

Rinaldo(스펙트럼 DVD)

Theodora(Unitel)

# 페르골레지
# Giovanni Battista Pergolesi
# (1710-1736)

'이탈리안 모차르트'라고 불리는 페르골레지는 너무나 짧은 인생을 살았지만 그의 '마님이 된 하녀'(La Serva Padrona 1733) 가 1752년 파리에서 공연되었을 때 큰 반향을 일으켰다. 당시의 사상가이며 철학자이며 작곡가였던 루소(Rousseau 1712-1778)를 중심으로 계몽주의 철학을 따르는 사람들과 불란서 Lully와 Rameau를 따르는 사이에서 'War of Buffons'(희곡 배우들간의 전쟁, 불란서 오페라와 이태리 오페라 사이에서 어느 것이 더 우월하냐에 대한 전쟁)의 논쟁으로 이 오페라가 루소가 이야기하는 좋은 오페라의 예가 된 관계로 청중들에게 잘 알려지기 시작하였다.

결국 '자연으로 돌아가라'고 하고 자연스러움을 좋아하는 루소파가 커다란 영향력을 가져왔지만. 그 당시 루소는 불어는 오페라를 쓰기에는 좋은 언어가 아니라고까지 주장했다.

페르골레지의 '마님이 된 하녀'가 오페라 역사에서 중요한 위치를 차지하는 것은 처음으로 누구나 다 알게 된 유명해진 opera buffa이기 때문이다. 사실상 페르골레지의 유명한 작품은 이 곡 이외에 그의 Stabat Mater와 나중에 스트라빈스키가 그의 멜로디를 편곡한 발레음악 Pucinella 조곡이다.

opera buffa는 각 나라마다 다른 종류의 형태로서 발전해 나갔다. 이태리에서는 opera buffa, 불란서에서는 opera comique라 불리며 독일에서는 singspiel이라는 형태의 서민 오페라가 존재하며 그들은 다른 역사를 가지고 발전해 나갔다. 옛날부터 내려오던 유랑 극단이 여러 나라를 돌며 그 나라에 맞는 스토리와 음악도 변형해 가며 존재해온 서민을 상대로 해온 악극단인이다.

음악도 그 시대의 역사적 정치적 배경과 깊은 연관을 가질 수 밖에 없었다. 교회의 힘이 제일 막강했을 때는 종교 음악과 교회에서 인정하는 음악이 제일 발달할 수밖에 없었다. 바로크 시대로 오면서 왕과 귀족의 권력이 강해지고 그들이 인정한 오페라 세리아는 왕과 귀족의 후원 안에서 어떤 형식이 정해져 있고 그들의 기호에 맞는 스토리나 연주자를 가진 상류층을 위한 오페라로 발전해 나갔던 것이다.

그렇다고 서민을 위한 음악이 없었던 것이 아니다. 중세에도 교회에서 천대받은 trouvador들은 기악 음악이나 dance 음악의 발전을 이끌어 갔고 특히 이태리에서는 commedia dell'arte와 같은 오래된 방랑하는 연극단이 있었다. 우리나라도 탈춤이나 소리꾼을 천인으로 취급했지만 이들 또한 서민을 위한 entertainment가 되었다. 대부분의 내용들이 상류 사회 사람들에 대한 풍자와 일상생활에서 일어나는 우스운 이야기가 많았다. opera buffa에서는 오페라 세리아에서 레시타티브가 하던 역할을 이야기로 대신했다.

이렇게 시작한 오페라부파는 모차르트 시대에 와서는 부파와 세리아의 구분이 없어지고 두 가지가 같이 섞이든지 (모차르트의 돈조반니) 많은 중산층이 사랑한 오페라부파(Figaro의 결혼, Tosi fan Tutte, Magic Tlute)가 더 성행하게 되고 이것은 점차 위대한 예술 작품으로 변해간다.

페르골레지로 돌아와서 그의 자라난 배경을 설명하는 것이 오페라 역사를 이해하는 데도 도움이 되겠다. 그는 Jesi라는 아드리해에서 가까운, 그 당시 교황의 권력이 지배하는 곳에서 태어났다. 그는 1725년 음악 수업을 받기 위해 나폴리로 떠난다. 당대에 오페라는 베니스 school과 네아폴리탄 school이 양대 산맥이었다. 지금도 여행객들이 두 도시의 너무 다른 형태를 보고 놀라겠지만 이태리는 1861년 하나의 나라로 통합되기 전까지는 여러 개의 도

시국가로 나뉘어 있었고 각 도시 국가들도 그때 그때 어느 세력이 지배하느냐에 따라 다른 역사를 지니고 있었다.

이태리 남쪽에 있는 나폴리는 처음엔 그리스 문명과 로마 문명이 합친 곳이었다. 여러 차례 침략과 전쟁을 겪으면서 로마 문명, 북쪽 norm사람들, 한때는 두 개의 시실리 왕국의 지배도 받으며 스페인 왕조가 지배하던 곳이다. 세계 대전 전후로 너무 가난해져서 많은 사람들이 미국으로 이민을 갔기에 이태리 마피아의 주인공으로 잘못 인식될 수 있지만, 이태리에서 가장 오래된 역사를 지녔으며 1737년에 세워진, 3천2백 명 이상의 청중이 들어가는 유럽에서 가장 큰 오페라 극장을 가진 도시였다.

사실상 나폴리와 베니스 두 곳은 제일 처음 컨서바토리(conservatory)가 세워진 곳으로도 유명하다. 이 음악 학교는 주로 많은 고아들이 다니던 학교로 시작되었다. 이 곳에서 나온 현악 주자들, 성악가, 작곡가들이 유럽 전역으로 수출해 나갔다.

오페라의 founder였고 헨델에게 깊은 영향을 준 Alessandro Scarlatti가 나폴리 출신이며 그의 아들 Dominico, 하이든과 Farinelli의 선생이었고 한때 런던의 다른 극장에서 헨델의 라이벌이었던 Porpora, 요즘 다시 각광 받고있는 Vinci가 네아폴리탄 school 출신이다. 그들의 말(Neapolitan)은 강한 악센트를 가졌었다.

나폴리 노래는 많은 포크송과 더불어 언제나 아름다운 멜로디를 가졌고 베니스의 화려한 장식적인 음악과는 다르게 음악이 훨씬 간결해 노래로 부르기 쉬웠으며 호모포닉한 음악을 선호했다. 거기서 출발한 commedia dell'arte는 유럽의 전역, 스페인, 러시아까지 방랑하며 자신들의 예술을 전파해 나갔다.

La serva pedrona는 'The Proud Prisoner'라는 페르골레지가 쓴 오페라 세리아에 막간에 삽입한 2개의 intermezzi였다. 'play 안에 play'로 이렇게 우스운 극을 막간에 넣는 것이 한동안 유행이었고 Vinci의 오페라 중에도 그러한 것들이 있다. 이 오페라를 하나로 합쳐 commedia dell'arte가 유럽의 여러 곳을 돌아다니며 opera buffa로 만든 것이다. 이야기가 간단하고 주역이 세 사람 밖에 되지 않은 데다 그중 하나는 벙어리라 bass와 soprano가수와 간단한 string과 하프시코드만 가지면 되는 오페라이기에 아직까지도 학교나 오페라단들이 즐겨 상연하는 오페라다.

이야기의 줄거리는 Uberto(bass)가 Serpina라는 여자애를 어렸을 때부터 하인으로 쓰며 키웠는데 나중에 Uberto를 휘두르며 주인 행세를 하려 한다. 화가 난 Uberto가 Vespone(벙어리)에게 Serpina를 없애 버려야 하니 결혼할 다른 여자를 구해오라고 한다. Serpina는 Vespone와 짜고 그를 변장시켜 자기의 약혼자 Tempest라고 소개한다. 그리고 Uberto에게 많은 지참금을 내놓으라고 협박한다. 안 내놓으려면 자기와 대신 결혼해야 한다고. 생각 끝에

Uberto는 싫지 않았던 Serpina와 결혼하기로 하고 이중창으로 끝난다. 오페라는 45분 남짓한 길이에 부담되지 않고 경쾌한 밝은 오페라다.

여기에 나오는 Serpina는 opera buffa에 자주 나오는 stereo type의 여주인공(soubrette 타입)으로 주인마님의 하녀며 똑똑하고 명랑한 소프라노 타입, 우리가 모차르트의 Figaro의 여주인공 Susanna 돈조반니의 Zerlina, Cosi fan tutta에 Despina,Donizetti의 사랑의 묘약의 Adina, Verdi의 Falstaff의 Nanetta와 같은 여주인공으로 계속 등장하는 전형적인 인물이다. Uberto는 Figaro에서 Don Basilio, 세빌리아의 이발사의 Don Bartolo와 Don Basilio 타입 등이다. 로시니의 세빌리아의 이발사가 휩쓸기 전에는 나폴리에서 공부하고 나중에 카트린 대제 밑에서 일한 Paisiello의 세빌리아의 이발사가 가장 유명했다.

페르골레지의 이 오페라가 1733년에 초연된 것을 보면 그 생명이 길 뿐만 아니라 모차르트의 Figaro의 결혼이 1786년에 초연된 것을 생각하면 대단히 시대를 앞서간 작품이었다. 오페라 역사를 보면 주인공들이 점점 우리가 주위에서 보는 서민으로 바뀌고 노래도 바로크의 장식적인 기교보다 보통 사람이 말하는 것 같은 자연스러움을 강조하는 음악으로 변해가는 것이 특징이다. opera buffa는 이렇게 몇 사람의 전형적 인물들을 가져다 쓰는 형식을 가졌었다.

낭만 시대로 오며 카르멘, 비올레타, 더군다나 verismo로 오면서 주인공들은 하류층 사람들을 다루며 더 realistic한 감정의 표현을 강조한다. 작은 풍자로 시작한 opera buffa가 모차르트 같은 위대한 예술가를 만나면서 위대한 예술 작품으로 탄생하며 로시니에 와서는 opera seria 대신 유럽 전역을 휩쓰는 역사로 이어진다.

**참고** listening

La Serva Padrona(Euro Art)

Il Flaminio(Unitel)

# 비발디
## Antonio Vivaldi
## (1678-1741)

우리나라 사람들이 가장 좋아하는 음악 '사계'의 작곡자 비발디는 그동안 주로 기악음악을 많이 작곡한 사람으로 알려져 왔다. 그의 콘체르토가 바흐가 편곡하고 배우리만큼 그의 작곡 기법에 영향을 주었고, 그가 유명한 바이올린 주자며 많은 콘체르토를 썼기에 그의 오페라는 별로 알려진 것이 없었다.

그는 베니스에서 태어났고 바이올린 주자였던 아버지 밑에서 교육을 받았다. 25세에 베니스에 고아들을 위한 학교의 선생이 되었으며 그 학교(Pieta) 오케스트라 학생들을 위해 수많은 작품을 쓴다. 그의 작품 쓰는 속도는 카피스트가 받아 쓸 수 있는 속도보다 훨씬 빨랐다고 한다.

그 시대 작곡가들이 다작인 이유 중 하나는 요즘 TV 작가들이 비슷한 작품을 많이 쓰는 것을 생각하면 된다. 당시에는 TV도 레코드도 없는 시대이었기에 오페라나 음악회 가는 것이 그들에게는 최대의 entertainment이었다. 바로크 음악은 주로 basso continuo를 써서 뼈대를 만든 위에 연주자들이 즉흥적으로 멜로디 라인들을 부칠 수 있는 음악이었고(요즘 Jazz를 생각하면 됨) 자기가 쓴 다른 음악에서 motive를 따와 다른 데다 변형하는 것도 작곡가들이 주로 쓰는 기법이었기에 그들은 다작을 쓸 수 있었다.

그 시대 40명의 작곡가들은 적어도 40개의 오페라를 쓰고 다른 기악 작품들도 많이 썼다. 바흐나 바로크 시대의 많은 작곡가들이 쓴 그 많은 작품들은 그때그때 교회에서든 궁중에서든, 극장에서든 필요에 의해서 쓰여진 작품들이다. 후세를 위해 남긴다는 개념 없이 쓰여진 곡들이 많은 것이다. 인쇄하는 것은 돈이 많이 드는 작업이기에 인쇄된 작품들은 많지 않고 필보(manuscript) 형태로 있다가 없어진 것들이 수없이 많았다. Vivaldi는 여행을 많이 다녔기에 한때는 Dresden library에 보관된 많은 작품들이 세계 대전에  없어졌다고 했다.

1728년 Charles 6세 황제를 만났는데 그가 비달디를 아주 좋아해 초대해서 나중에 비엔나로 갔지만 황제가 이듬해에 죽어 버리는 바람에 비발디는 후원자 없이 가난하게 죽었다고 한다.

1737년에 그의 후원자 Marchese Bentivoglio에게 쓴 편지에 의하면 그가 94개의 오페라를 썼다고 하는데 남아있는 것은 약 4, 50개 정도로 추정한다. 그의 오페라는 당연히 베네치안 (Venetian) 스타일로 Da Capo aria의 화려한 기교가 많은 스타일이었다.

그가 쓴 Venetian 스타일의 opera seria의 주역들이 카스트라토 가수들을 위해 쓴 작품들이 많기에 카스트라토에 대해 잠깐 이야기하는 것이 좋겠다. 사실상 이태리에서는 많은 귀족들이나 부유한 사람들이 오페라를 사교 장소로 사용하는 경우가 많았다. 오페라 하우스에서 도박도 하고 마시며 수다도 떨다가 자기가 좋아하는 가수가 Farinelli 영화에서 보듯 기교를 발휘하면 그런 광경에 황홀해 하는 것을 보는 광경은 요즘 내가 좋아하는 축구 선수가 기가 막힌 기량을 발휘하는 것을 보러 가는 광경과 별로 다를 것이 없는 것을 상상하면 될 것이다. 요즘 축구 선수들의 몸값이 높듯 그 당시는 카스트라토 가수의 몸값이 작곡가보다 비쌌고 어떤 가수는 지금의 pop가수라고 생각하면 된다. 그들의 전성시대는 대강 1650~1800년으로 본다.

요즘 로시니 오페라에 남장을 한 여자가 부르는 역들은 그 당시 카스트라토가 부른 역들이었다. 헨델의 오페라의 그 역들을 요즘은 카운터테너들이 대신한다. Farinelli 영화 첫 장면은 어떤 남자 아이가 거세를 당한 후 자살하는 것부터 시작한다. 사실상 몇몇 카스트라토 가수들이 부와 명예를 거머쥔 것을 본 가난한 집에서 1년에 거의 4천 명의 남자애들이 거세 당했다고 한다. 요즘의 모델들이 마른 몸을 하기 위해 굶기를 밥 먹듯 한다든가 어떤 미인형을 만들기 위해 성형 수술로 칼을 대는 것과 마찬가지로 그 시대의 유행이나 관념을 따른 것으로 보면 되는 것이다.

교회는 거세하는 사람에게 중형을 내렸지만 오랫동안 여자가 교회에서 노래를 못 부르게 하는 이중 잣대를 가지고 있었다. 교회에서의 소프라노 역은 변성기 전에 boy soprano가 맡은 것이다.

카스트라토 가수가 되기 위해서 7살 경부터 훈련을 시작한다. 작곡, 즉흥연주, 호흡 조절 등 10년 이상의 혹독한 훈련 후 그들의 폐는 호르몬의 분비가 다르기에 아주 커지고 오랫동안 어떤 때는 35소절 이상도 숨을 쉬지 않고, 여자의 목소리를 가진 남자로 노래를 불렀다고 한다. 그 숨 막히는 기교와 다시 반복할 때의 아름다운 trill, 장식을 보는 것이 그 시대의 상류층의 taste였던 것이다. 성악가들이 Pavaroti의 높은 C음을 내는 것을 큰 기교로 생각했었는데 Farinelli는 그보다 4도 높은 F까지도 거뜬히 냈다고 한다. 로시니는 가끔 성악가가 자기가 쓴 악보는 하나도 알아보지 못하도록 자기 마음대로 부르는 것을 불평을 하곤 했다. 그만큼 그들의 즉흥성 또한 자유스럽고 뛰어났던 것이다. 나중에 Bellini의 Norma나 Donizetti의 Lucia da Lamermoor에서 보듯 이 역들은 소프라노로 옮겨간다.

1700대에 Marquis Giacomo Durazzo(1717-1794)가 수집한 비발디의 악보가 대를 내려오면서 2개로 나뉘었는데 그중 한 소유자인 Monferrato에 있는 Salesians(살레시오 수도회)에 있었던 악보를 자기들 소유의 건물을 수리하기 위해 이 악보를 팔고 나머지는 괴팍한 자손의 손에 있었기에 그것을 한곳에 모으는 것은 오랜 작업과 Mr. Gentilli의 설득과 노력 끝에 이루어진 것이다. 이 악보를 모으면서 그 안에 많은 theatre 작품들이 있는 것이 발견됐다. 결국 이것들은 Turin에 National Library에 보존되었다. 이태리 사람들이 인쇄에 소홀한 이유도 있지만 바로크 악보를 편집하는 것은 위대한 작곡가의 손길이 필요했다.

Gian Francesco Malipiero 같은 위대한 작곡가가 인쇄하고 편집한 노력 끝에 Monteverdi나 Vivaldi의 새로운 작품들이 다시 탄생해서 우리들 가까이 온 것이다. 그 다음 그것을 연주할 좋은 연주단체를 찾는 것 또한 기적에 가까운 일들이다.

**참고** listening

Viva Vivaldi(Cecilia Bartoli, Art Haus)

L'incoronazione di Dario(Dynamic)

Sacrificium(Cecilia Bartoli, Decca)

Orlando Furioso(ensemble Matheus, Mezzo CNC)

# 글룩
# Christoph Willibald Gluck
## (1714-1787)

오페라는 음악과 문학과 spectacular 즉 화려한 쇼, 장관을 이루는 시각적인 것을 결합한 예술이다. 결합하는 과정에서 번번이 다른 종류의 어려움과 고민을 가져오기 때문에 17세기 비평가 Saint-Evremond가 말하기를 "오페라란 것은 음악과 시가 합쳐진 괴이한 일이다. 그 안에서 시인과 음악가가 서로 방해하면서 서로에게 끊임없는 문제를 일으키며 형편없는 작품을 만들어 내는 것이다."라고 이야기한 적도 있다. 1872년 Hugh Hawis는 "오페라는 음악적으로나, 철학적으로나 윤리적으로 볼 때 혼합될 수 없는 악"이라고 말한 적도 있었다. 그런가 하면 오페라는 '왕자들의 기쁨'(The delight of princes) '인간이 만들어 낸 가장 고귀한 광경'(the noblest spectacle ever devised by men) 'Marco da Gagliano'라고 바로크 초기 작곡자는 이야기한 적이 있다.

이러한 서로 상극되는 견해와 논쟁 속에서 오페라는 발전해가며 변천해왔다. 앞에서 루소와 opera tragedy-lyric, 불란서 오페라를 따르는 사람들의 논쟁 안에서 단순한 줄거리와 좀 더 자연스러운 멜로디를 지닌 opera buffa가 더 중요한 자리를 차지하게 되듯 바로크 후기의 Metastasio의 상류층을 위한 opera seria, 반복하는 da capo 아리아와 가수들의 기교와 장식이 너무 많은 음악에 대한 식상과 반발로 일어난 새로운 reform opera의 가장 대표적인 작곡가가 Gluck이다.

Gluck은 50여 개의 오페라를 썼지만 그의 오페라 Orfeo ed Euridice가 가장 많이 연주되고 유명한 작품이다. 헨델을 이야기하면 그의 메시아가 떠오르듯이. 사람들은 그와 Metastasio(1698-1782)가 반대의 길을 갔다고 생각하지만 그는 많은 오페라를 Metastasio의 극본에 부쳐서 썼다. 한때는 비엔나(Vienna)에서 Metastasio는 궁중 시인으로 Gluck은 궁중 작곡가로 같은 시기에 고용된 적도 있었다.

Metastasio는 18세기에는 이태리에서 호머나 단테에 비교한 시인이었고 오페라 극본을 쓰는 사람이었다. 그의 27개의 리브레토를 여러 다른 작곡가들이 1000번 이상을 사용했을 정도로 많은 사랑을 받았다. 어떤 것들은 같은 극본을 70명의 다른 작곡가들이 사용한 적도 있었다. 후에 모차르트와 로시니도 그의 리브레토를 사용한 오페라를 작곡했다. 유명한 음악학자 Tovey에 의하면 "그는 아주 합리적인 음악적 계획안을 가지고 있었다. 어떤 감정적 절정을 이루어 낼 때까지의 action과 대화의 진행이 자연스럽고 매끄러웠다. 그렇기에 의미심장한 poetry를 결정적인 순간 최대한의 효과로 아리아를 부르고 반복도 하는 계획이 서 있었다."

Metastasio가 아직 어린이였을 때 그가 길에서 시를 읊는 것을 본 귀족이 그의 시적인 재능을 알아보고 그를 입양했다고 한다. Metastasio의 첫 사랑은 Corelli와 Pasquini의 제자였던 작곡가 Gasparini의 딸이었다. Gasparini는 누구보다도 bel-canto 기법에 대해 잘 아는 유명한 오페라 가수를 만들어 낸 선생이었다. Gasparini도 그들의 결혼에 동의했지만 Metastasio가 나폴리로 간 사이 그의 딸이 다른 사람과 결혼해 버렸다. 나폴리에서 Metastasio는 자기 인생에 결정적인 역할을 할 가수를 만난다. 메타스타시오(Metastasio)가 23세에 만난 La Romania(Marianna benti)라는 여가수는 35살의 유명한 가수였고, 그녀는 그를 사랑해서 자기 집에서 Hasse, Leo, Vinci, Scarlatti, Porpora, Pergolesi, Farinelli 등 당대의 모든 유명한 음악가를 만나게 해서 교육을 받고 자신의 poetico-musical한 경험을 쌓아갈 수 있도록 했다.

그녀는 Metastasio의 곡을 누구보다도 잘 연주했고 유럽의 모든 작곡가들은 앞다투어 그의 극본에 작곡한 것이다. La Romania와 그녀의 남편, Metastasio는 1727년 함께 로마로 떠났다. 1730년 Vienna에 궁중 시인으로 가면서 그들의 관계는 뒤로 하게 된다. 그는 하프시코드에 앉아 노래하며 극본을 썼다고 한다. Marmontel이 이야기하기를 "모든 phrase(소절), 쉼표, 화성, 아리아를 그는 노래하며 썼다"고 한다. 그는 작곡가에게도 자신의 음악적인 의견을 서슴지 않고 편지를 썼다.

사실상 poetry가 음악보다 우선되어야 한다는 것은 Gluck이나 Wagner만의 주장이 아니었다. Metastasio의 주장에서도

1. 시가 음악보다 먼저 와야 할 것, (그 중요성에 있어서)
2. 드라마의 중요성,
3. 오케스트라가 심리적 배경을 표현해서 숨겨진 감정이나 주인공의 마음의 심리를 표현할 것을 강조했다.

사실상 그는 아리아나 레시타티브의 반주로 오케스트라도 많이 사용했고 심포니의 중요성도 강조했다. 단지 그는 voice가 무엇보다도 중요하다고 생각했고 그가 태어난 이태리의 bel canto가 그가 가장 사랑한 것이고 당시에 발달하기 시작한 오케스트라를 전적으로 사용하고 싶어하지 않았다. 어떻게 보면 자신의 이탈리안 전통을 고수하며 균형 감각이 있고 taste와 intelligence와 세련됨은 있으나 용감함이나 생명력은 부족했던 것이다.

그렇다면 무엇이 Gluck을 중요한 오페라의 개혁자를 만들고 그 과정은 어떻게 이루어졌는가? Gluck은 평민으로 산림을 관리하던 아버지 밑에서 태어났다. reform opera의 기초를 세운 Gluck이 숲을 관리하는 아버지 밑에서 태어나 보헤미아에서 자란 걸 볼 때 교향곡의 기초를 세운 하이든이 농부의 아들로 지금의 크로아티아에서 태어난 것이 생각 난다. 자연 속에서 자유롭게 자란 그들의 영혼이 강한 커다란 선구자들이 되는 데 기여하지 않았을까?

그는 1732년부터 1736년까지 Prague로 가서 학교를 다닌 후 비엔나로 가서 Lobkowitz 가문에서 음악가로 일한다. 그 후 다른 귀족 후원자를 만나 Milan에서 Giovanni Battista Sammartini와 공부하러 이태리로 간다. Sammartini는 스타미츠(Stamitz)와 함께 classic period 이전 pre-classical 스타일, style gallant 시대로 오는 새로운 심포니 스타일의 선구자적 역할을 한 작곡가로 유명하다. 그한테서 받은 심포니에 대한 훈련이 나중에 그의 오페라에서 드라마틱한 오케스트라를 쓰는 데 영향을 주었으리라고 생각한다. 1741년과 1745년 사이 그가 쓴 오페라들은 이태리에서 성공적으로 공연되었다고 한다.

1745~46년 사이 어느 날 런던으로 가서 헨델도 만났다고 한다.

Gluck은 헨델을 무척 존경했고 자기 방에 그의 사진도 걸어 놓았다고 한다. 헨델처럼 Gluck도 유럽 전역을 돌아다닌 cosmopolitan이었고 결국은 이탈리안 스타일, 불란서 스타일, 북쪽의 lied song 스타일, 합창을 통합할 수 있는 거대한 작품을 쓸 수 있었던 것이다. Gluck이 들었던 헨델의 합창 또한 그 빛나는 웅장함이 경이로웠을 것이며 Gluck이 자기 오페라에 쓴 거대한 합창, 발레 음악은 후에 grand opera를 쓴 작곡가들에게 영향을 준다. 유명한 joke 중에 헨델은 "Gluck이 자기 요리사 Waltz보다도 대위법을 모른다"고 말했다고 한다. 헨델의 요리사 Waltz는 첼리스트에다 singer였다. Gluck의 합창들은 북구 스타일의 syllablic한 음악들을 썼지만 특별히 바흐나 헨델 같은 박식한 fuga같은 대위법을 쓰는 합창은 아니었다.

1749년 비엔나로 돌아온 Gluck은 1750년 그녀의 아버지가 돌아가신 후 돈을 많이 물려받은 상인의 딸과 결혼함으로써 재정적으로 독립할 수 있었다. 1752년 그는 비엔나 궁중에 kapellmeister로 임명된다. 그는 성격이 완강하고 민첩하고 수완이 좋았기에 Mozart의 아버지 Leopold는 아들에게 그로부터 멀리하라고 경고했었다. 그의 뒤를 이은 이가 그의 제자 Salieri이다. Amadeus Mozart가 궁중 음악가로 일할 때는 그의 월급이 Gluck의 반에도 못 미쳤다.

그는 궁중 음악가로 일하는 동안 여러 가지 새로운 경험을 쌓아간다. 그의 superviser였던 Count Durazzo가 요구한 불란서 opera comique의 연주를 할 때 새로운 음악을 작곡하고 편곡하는 과정에서 불어 가사에 syllablic한 음악을 작곡하는 기법을 익히고 불어의 사용에도 능숙해진다. Maria Theresa의 딸이었고 나중에 루이 16세의 왕비가 된 마리 앙트와넷이 그의 제자이었기에 그는 나중에 파리로 갔고 그녀로부터 연금도 받는다. 후에 이것은 Orfeo가 파리에서 불어 version으로 큰 성공을 거두는 데 기여하게 되고 루소가 이야기한 불어는 노래로 쓰기 어려운 언어라는 말을 무색하게 한다. 루소 자신도 인정했다고 한다.

또 하나의 중요한 계기는 1761년 Angiolini의 Don Juan 발레에 음악을 작곡하는 것이었다. opera comique때와 마찬가지로 mime에 맞추어 음악을 작곡하는 것, 어떠한 교본에 순응해 작곡하는 것이었다. 특정한 동작에 대한 반주가 아니라 댄서들이 이루는 액션과 드라마와 음악을 합치는 것이었다.

1762년 초연된 Orfeo와 Euridice 오페라의 각본을 쓴 Ranieri de Calzabigi(1714-95)와의 만남은 모차르트가 Da Ponte를 만나는 것과도 비교할 수 있다. 그는 자기와 비슷한 개혁을 꿈꾸는 대본 작가를 만난 것이다. Calzabigi는 Da Ponte가 신부의 신분이었을 때 결혼한 여자와의 불륜 관계로 베니스에서 비엔나로 도망쳐 온 것과 비슷하게 Calzabigi는 비엔나로 오기 전 도박과 관련된 일로 빠리에서 경찰의 list에 올라가 있었던 몸이었다고 한다. 그리고 그 유명한 Casanova와도 친분이 있었다고 한다. Gluck과 동갑이었던 그는 Gluck처럼 판단도 재빠르고 출세에도 능했기에 Count Durazzo 서클에 접근해 Durazzo에게 자신의 Orfeo 극본을 읽어줄 기회를 갖는다.

거기다가 두 사람 다 바로크 오페라의 거추장스럽게 장식적인 아리아와 성악 위주의 드라마로부터의 개혁이 필요하다는 것에 의견이 같았던 것으로 보인다. 1760년 이후부터는 단순한 아름다운 멜로디와 복잡한 대위법으로부터 자유스러워진 homophonic 한 스타일을 좋아하는 style gallant시대로 접어든 것이다. 당시의 철학적 사상도 단순한 자연스러움을 강조했고, 전체의 아름다움을 위해 작은 섬세함은 큰 그림에 예속되야한다는 생각이 대세였던 시기이다.

Gluck이 쓴 편지 중에 이런 말이 있다. "자연을 모방하는 것이 모든 예술가들이 목표로 삼아야 한다고 생각한다. 나의 음악은 밑에 의도하는 poetry를 항상 단순하고 자연스럽게 표현하려고 노력해왔다. 그렇기에 나는 trill이나 이태리 사람들이 좋아하는 coloratura를 사용하지 않았다. 나는 성악, 기악, 모든 소리, 쉼표도 하나의 목적을 가져야 한다고 생각한다. 음악과 말이 오로지 어떠한 표현을 위해 완전히 하나로 결합되는 목적을 지녀야 한다."

Francesco Algarotti의 1755년 오페라에 대한 에세이는 Gluck에게도 영향을 준 것으로 짐작된다. 어떤 드라마 자체가 청중에게 감동을 주어서 마음을 움직여야 하고 음악이나 발레로 인해 분리되지 않고 드라마 안에 어떠한 통일성을 가지고 오페라를 끌어가야 한다는 생각이 Calzabigi와 Gluck이 가진 같은 목표였다.

1762년 비엔나의 Burgtheatre에서 초연된 Orpheo et Eurydice는 azione teatrale(합창과 발레가 함께 어우러진 신화를 주제로 한 오페라)이었다. 처음 상연된 극본은 이태리어로 되어 있었다. 사실상 주인공은 Orfeo와 Euridice와 amore뿐이고 줄거리도 단순한 pastoral drama이다. 이 곡은 레시타티브가 오케스트라 반주로 되어 있고 쓸데없는 성악의 기교를 없앤 점은 전통적인 불란서 오페라와 흡사하다. 이 version의 올페 역은 카스트라토가 맡았었다.

1774년 파리 공연에서는 극본을 Pierre-Louis Moline이 불어로 옮기면서 맡고 Orfeo역은 높은 목소리를 낼 수 있는 테너가 맡았다. 불란서 사람들은 카스트라토를 거의 쓰지 않았다. 그들의 기호에 맞게 Don Juan에서 쓰였던 발레도 삽입했다. 1859년 베를리오즈는 당시에 자신의 친구였고 유명했던 Pauline Viardot 콘트랄토 가수를 위한 version을 쓴다. 베를리오즈는 Gluck에 대한 전문가였고 이태리 version과 불란서 version을 둘 다 잘 알고 있었기에 양 쪽것을 전부 엮었다고 한다. 이것은 큰 성공을 거두어 138번이나 공연되었다고 한다. Camille Saint-Saens이 당시 베를리오즈의 조수로 있으며 작은 것들은 고쳤다고 한다. 당시 17살이었던 Massnet가 팀파니를 맡으며 tuning을 담당해 베를리오즈로부터 칭찬을 받았다고 한다. 현대에 와서는 Marilyn Horn, Janet Baker등 훌륭한 메조 소프라노들이 이 역을 즐겨 불렀다. 바리톤이었던 피셔-디스카우 또한 올페 역을 불렀다.

opera seria에서의 da capo aria를 없애고 seco 레시타티브 대신 오케스트라가 함께하는 stormento 레시타티브를 사용했으며 전체적인 극적인 충동을 위해 이태리적인 요소들은 없애고 표현이 충만한 dance와 합창을 썼다. 배역들 또한 훌륭한 연기를 할 수 있는 가수를 필요로 했다. 그의 드라마 안에서의 오케스트라가 차지하는 중요성은 모차르트, 베버, 바그너에게로 그의 영향이 이어간다. 어떤 때는 성악은 조역의 역할을 하고 오보에나 플루트가 주역을 맡는다. 1774년 처음으로 오케스트라에서 하프를 사용한다.

하나의 드라마적 관점을 중심으로 청중이 숨 쉴 사이 없이 긴장이 이어지는 이야기가 있는 정제된 장르가 탄생하는 것이다. 드라마 전체 이야기의 연속이 필연적인 것처럼 느껴지는 내용이 형식을 만드는 드라마인 것이다. Grim 남작의 말을 인용하면 "라틴의 우아함과 불란서적 명쾌함과 독일인의 깊이가 합쳐진 작품"이었던 것이다.

사실상 그의 다음 오페라 Alceste나 Iphigenie en Tauride 안에서도 신화에 나오는 인물들을 쓰는 것은 옛날 형식을 떠난 것이 아니었다. 어떤 사람들은 Alceste를 그의 가장 중요한 걸작으로 생각하지만 그의 아름다운 간결한 Orfeo 멜로디들 덕분에 그의 Orfeo는 가장 유명한 Orfeo 드라마 중 하나다.

한 시대의 여러 스타일, opera comique의 단순성, opera seria의 서정성, 불란서 tragedy iyric의 웅장함, 이태리와 독일의 오케스트라를 international 스타일로 통합하고, 당시의 시대에 맞는 사상과, 간결한 드라마 스토리를 가지고 합창과 발레와 주역들이 어우러진 오페라를 창조해낸 것이 Gluck이 후세에 전해준 가장 큰 업적이라 하겠다. 베를리오즈의 Les Troyan은 그의 영향을 많이 받은 오페라다.

### 참고 문헌

Short History of Opera(Donald Grout)

### 참고 listening

Orfeo ed Euridice(이탈리안 Version)

(Art Haus Musik)

Orphee et Euridice(불란서 version)

(Teatro alla Scala, CNC)

# III

# 모차르트

# 모차르트의 삶과 작품
## Wolfgang Amadeus Mozart
## (1756-1791)

지난번 교향곡 작곡가들을 다룬 책에서 모차르트에 대해 글을 쓴 적이 있다. 워낙 모든 분야에서 (실내악, 교향곡, 콘체르토, 오페라, 종교음악) 뛰어난 작곡가이고 특히 오페라에서는 어느 누구도 인류의 역사 속에서 그의 차원에 가까이 올 수 없는 작곡가이기에 여기서는 그의 오페라에 대해 주로 이야기하려 한다.

모차르트의 첫 오페라는 그가 11세 때 쓴 Apollo and Hyacinthus이다. 물론 그가 벌써 7살 때 첫 심포니를 쓰고 소나타, 아리아 등을 작곡했지만 11살의 나이로 인간의(여기서는 신화 속의 인물이지만) 관계에 대해 드라마로 엮을 수 있다는 것이 기이한 일이 아닐 수 없다. 물론 모차르트에 대한 여러 가지 현상들은 enigma로 남아 있는 것이 대부분이지만 가끔 추측해본다. 어떤 때 인간의 일들 중 어른들이 감당하기엔 너무 난감해 방안에 앉은 어른들은 그냥 당황해하고 있을 때 아름다운 어린아이의 등장으로 모든 것이 아름답고 우아하게 해결되는 것을 보았다. 그들 안에 있는 설명할 수 없는(uncanny) 어떤 능력, 내용은 구체적으로는 잘 모르지만 그들만의 비상한 촉이 그 상황을 평화롭게 해결하는 것들. 예를 들어 시어머니와 며느리의 갈등이 심할 때 아름다운 손주의 행동이 모든 것을 녹이고 해결할 수 있다든가, 어떤 불쌍한 사람의 등장으로 어른들은 감정에 사로잡혀 답답해만 하고 있을 때 어린아이는 자연스럽게 그 불쌍한 장님에게 손을 이끌며 도와주는 광경같은 모습이다.

난 가끔 모차르트의 천진 난만(child-likeness)은 보통 인간은 자라면서 다 잃어버리고 마는 어린이만이 가질 수 있는 비상한 능력들을 끝까지 유지하지 않았나 추측해 보곤 한다. 모차르트가 살아 있을 때 불란서 혁명이 일어났지만 그 일은 베토벤에게는 중대한 관심사였다. 모차르트는 정치에는 관심도 없었지만 그의 '피가로의 결혼'은 계급간의 혁명 그 자체다. 200년 이상 내용이 천박하다고 별로 공연되지 않았던 Cosi fan Tutte는 Freud의 sex에 대한 이론도 필요 없는 인간의 심리를 너무 잘 아는 인간의 약점, 이성간의 허영, 변덕, 체면 등 표면 밑에 숨은 인간의 심리를 너무 잘 알고 겉으로는 comic하고 장난스럽게 그려낸 드라마이자 오페라다. 20세기를 한참 지나서야 우리가 자신을 좀 더 정직하게 들여다 볼 수 있기에 그 가치를 더 깊이 알아볼 수 있게 되고 자주 연주되는 작품이다.

로시니, 구노, 브람스, 바그너, 차이코프스키, 하이든이 모차르트를 가장 위대했던 오페라 작곡가로 생각했다면 우리 같은 사람은 그들이 왜 그렇게 이야기했을까를 헤아려 가면 된다.

오페라라는 장르가 그 안에 오케스트라, 합창도 잘 알고 다루어야 하고 비록 극본은 있지만 그 드라마를 만들어가는 사람은 작곡가다. 작곡가가 극본의 speed와 템포도 결정하고 어디서 중창을 어떻게 하고 어디서 대화를 나누며, 어디에 독백의 아리아를 넣을 것인가도 결정해야 하는 것이다. 오페라의 최종 성공은 어디까지나 작곡가의 손에 달린 것이다.

그리고 오페라 한 작품의 시간의 길이는 적어도 3시간이 걸린다. 모차르트는 당대에 가장 훌륭한 피아니스트이고 바이올린도 잘 했지만 평생 그가 가장 사랑했던 것이 오페라를 쓰는 일이었다. 그의 아내도 가수였고 그의 아내 Constanza의 가족은 모두 가수였다. 그가 처음 사랑에 빠졌던 여자 Constanza의 언니, Aloysha도 가수였다. 모차르트는 여러 가수와도 가까운 사이였고 그 사람들을 머릿속에 두고 작곡했다. 마술피리의 대본을 쓴 Schicaneder와도 1780년 그의 극단이 잘츠부르크를 방문했을 시절부터 친구로 지내왔고, 모차르트는 연극에 대해 박식한 것으로 알려져 있다.

모차르트의 편지에서도 볼 수 있다. "I have only to hear opera discussed, I have only to sit in a theatre, hear the orchestra tuning their instrument, Oh! I am quite beside myself at once."(그냥 오페라에 대한 이야기만 들어도… 난 극장에 앉아 오케스트라 단원들이 줄 맞추는 소리만 들어도, 난 그냥 곧 황홀해진다.)

그의 첫 번째 사랑은 오페라였다. 사실상 필자의 생각은 이제 와서는 그의 오페라를 적어도 10개 이상 알기 전까지는 그의 심포니, 콘체르토, 실내악곡들도 제대로 이해할 수 없다고 믿는다. 그가 그의 천재성 때문에라도 자기중심적인 면이 있었겠지만 영화 Amadeus에서 그를 유아적으로 그려 논 것은 모차르트를 잘 이해 못하는 유치한 영화감독들의 탓도 있다.

영화나 가끔 이상한 출처로 인해 잘못 이해된 모차르트이지만 그의 음악의 귀족적 품격과 control의 능력 때문에 그의 정열적인 성격에 대해 그냥 지나칠 때가 많다. 하이든도 freemason에 가담했지만 모차르트는 그들을 위해 많은 작품을 써주었을 만큼 깊이 참여했다. 당대에 enlightenment사상의 전파로 Holy Roman Empire의 가톨릭이었던 마리아 테레사(Maria Teresa)가 freemason의 활동을 금지시켜 그들은 비밀리에 만났지만 모차르트는 마술피리에서 자라스트로(Sarastro)를 통해 자신의 인류를 향한 형제로서의 사랑에 대한 사상을 이야기한다.

에스타하지 가문에서 안정적으로 일한 하이든이나 귀족을 다룰 줄 알았던 강한 성격의 베토벤과는 다르게 모차르트는 나그네로 많이 돌아 다녔고 일에 쫓기고 가족에게 쫓기고 빚에 쫓기며 살았던 것 같다. 아마도 그가 제일 제정신으로 돌아오는 때가 작곡을 할 때가 아니었던가 싶다. 오페라를 위촉 받아 작곡을 하고 본인이 하프시코드를 치고 동시에 지휘했으며 Da Ponte와는 같이 상의해가며 극본도 고쳐갔다.

영화 Amadeus로 유명해진 Sallieri와의 관계에서는 소설로 만들어진 부분이 대부분이지만 그가 court 작곡가로 모차르트보다 위의 신분에 앉아 있는 이탈리안으로서 모차르트가 이탈리안 오페라를 그렇게 잘 쓰는 것이 껄끄러웠을 것이다.

Gluck의 제자로 그 자리에 갔던 살리에리였기에 가끔 모차르트의 출세를 막았으리라고 짐작할 수 있다. 예술을 사랑했던 마리아 테레자의 아들 Joseph 2세는 그래도 모차르트를 다른 군주에게 잃고 싶지 않아 minor court composer로 임명해서 최소한의 월급은 주었다. 비록 Gluck에게 준 월급의 반에도 못 미쳤지만…

모차르트가 마지막에 빚에 쪼들려야 했던 이유는 오스트리아가 터키와의 전쟁에 가담했기에 과한 세금으로 당시의 비엔나의 경제가 몰락하고 귀족들이 비엔나를 떠나야 했기 때문이다. 더 이상의 연주할 곳도 없고 부유한 제자도 갖기 힘들었다. 1781년 그가 처음 비엔나로 왔을 때는 모차르트는 당시의 최고의 피아니스트이자 작곡가인 celebrity였다. 어렸을 때부터 신동이라 여러 왕과 귀족의 관심을 받았었기에 하이든이나 베토벤보다는 높은 계급의 사람들 사이에서 지냈다. 물론 그들과 교제하는 사이는 아니었지만 그들의 교만한 행동 사이에서 모차르트는 자신이, 그들이 가까이 올 수 없는 능력을 가진 모차르트라는 것은 확실히 알고 있었다.

모차르트의 미망인이었던 Constanza는 그가 죽은 후 재혼했고 '마술피리'가 대성공을 이루어 부유하게 살 수 있었으며, 그의 악보도 팔고 관리하며 50여 년을 더 살다 갔다. 모차르트는 그가 남긴 편지들로 미루어 볼 때도 비록 작은 몸매에 눈에 띄는 미남은 아니었지만 극단의 여자들이 많은 사이에서 사랑도 많이 받았고 그 또한 womanizer였다. 그가 만들어 낸 Don Giovanni도 그가 가끔 꿈꾸는 남자의 상이었을 것 같다.

그의 오페라로 돌아와서 그는 오페라 seria(Idomineo), 오페라 buffa(Figaro의 결혼, Cosi Fan Tutte), 오페라 giocoso(Don Giovanni), singspiel(마술피리) 등 모든 오페라 장르에 있어서 타의 추종을 불허하는 작곡가였다. 어떻게 그가 천하다고 하는 comedia dell'art의 character들을 최고의 예술의 경지로 갖다 놓을 수 있었는지는 하느님만 아는 일이다. 놓칠 수 없는 모차르트 특유의 아름다움을 가진 간결한 아리아, 살아 숨쉬는 생동감을 가진 인물의 창조, 인간의 모순성을 복합적으로 동시에 만들어낼 수 있는 천재성, 그의 음악의 관능적인 아름다움, 그 많은 중창으로 대화를 이끌어가는 기술도 후세에 오는 작곡가들은 그냥 모방하고 배우려고 하는 기술들뿐이다.

David Cairns의 말을 인용하면 "모차르트는 셰익스피어에 가까운 드라마틱한 음악가다. 변화무쌍하고 다양한 언어와 형식, 상상할 수 없는 생각의 스피드, control이 잘 절제된 복합성, 모호함의 풍부함, 터져 나오는 웃음, 장난스러움, 이러한 모든 것을 동시에 지닌 작곡가이다."

모차르트가 살아 있을 때는 복잡하고 어렵다고도 불평했던 작품들을 19세기는 복잡하고 grand한 음악을 선호하는 데 빠져서 모차르트를 쉽고 우아한 작곡가로 오랫동안 착각하고 이해하지도 못했고 20세기에 와서 그 우아함, 완전한 균형과 control, 밑에 깔린 그리움(longing), 아련한 슬픔, 너무 완전해서 쉬운 것으로 착각한 그의 기술들을 조금씩 알아보기 시작했다.

그의 음악의 완전한 균형과 선명성 때문에 모차르트의 음악은 연주하기 쉬운 음악이 결코 아니다. 음악의 혼(soul)이 깊은 만큼 그의 간단해 보이는 음악을 execute(실행해 내기)가 어려운 것이다. 사실상 모차르트 음악처럼 정직하게 연주자의 흠을 보여주는 작곡가도 드물다. 게다가 그의 음악은 instrument보다는 voice에 기초를 두었기에 천부적인 음악성을 지니지 않은 사람들은 이해하기도 힘들다. 그가 어린아이에서나 찾아볼 수 있는 순결함을 지닌 작곡가라 어린 아이들이 연주를 더 잘 한다는 이상한 myth 또한 모차르트를 잘 모르는 사람들의 이야기다.

모차르트는 처음부터 아마추어나 음악가들이나 모두가 듣고 싶어 하는 음악을 쓰고 싶어 했다. 사실상 모차르트 시대의 청중들은 그의 음악이 어렵고 음이 너무 많다고 불평했었다. 그의 완전한 form(형태, 형식) 밑에 깔린 그 강렬함과, 여러 가지 요소를 한꺼번에 표현할 수 있는 내면의 복합성을 어린애가 더 잘 표현한다고 생각하는 것 또한 모차르트에 대한 무지로부터 출발하는 것이다.

인류에게 한번쯤 오는 이 천재에 대해 너무나 많은 천박한 상업주의가 번성했기에 우리는 사실상 많은 때를 벗겨야 그의 참된 모습을 바라볼 수 있다. 이 또한 그가 죽은 지 200년 이상의 세월이 흘렀기에 많은 연구 끝에 좀 더 가까이 볼 수 있는 행운을 얻은 것이다. 사람들은 오랫동안 그를 너무 rococo와 연결시켰기에 모차르트는 예쁘고 귀엽고 우아하다는 착각을 머릿속에 잘못 가지고 있었다.

상식적으로도 돈 조반니를 창조해 낸 작곡가가 우아하고 귀엽다고? masonic 사상의 enlightenment 사상을 아는 그가 무지하다고? 그는 좁은 머리를 가지고 박식한척 하는 철학자와는 너무 다른 차원의 천재였다. 모차르트는 자기의 재능을 어느 카테고리

안에 가둬야 하는 둔재가 아니었다. 그는 사상적으로나 예술적으로나 모든 것이 풍부했던 좋은 시대에 태어났고 가는 곳마다 모든 것을 흡수하며 그의 독창성과 받아들일 수 있는 그릇은 너무 풍부해 그것은 mozartian이란 언어로 다시 태어났다.

그의 obedient한(순응하는) 아름다운 성격 또한 그가 Johann Christian Bach(J.S. Bach의 막내아들, London Bach라고도 알려짐)를 만났을 때(모차르트가 8세 때) 서로의 위대성도 알아볼 수 있었고 그는 모차르트에게 콘체르토 스타일이나 새로운 스타일의 심포니 writing에 대해서도 가르쳐 주었다. 하이든에게 6개의 사중주곡을 헌정했을 때 그가 하이든에게 쓴 편지를 보면 모차르트는 고칠 것도 없는 완전하고 쉽게 써 내려가는 사람이라는 것 또한 무지한 사람들의 이야기다. 베토벤이나 브람스처럼 작곡하는 동안 고통스럽고, 투쟁하며 쓰지는 않았고 그에게는 작품을 쓸 때가 가장 희열을 느끼는 시간이었지만 그의 편지가 말하듯이 그는 자기의 6개의 사중주곡을 six children of mine이라고 불렀다. 그리고 The fruit of a long and laborious endeavor.(긴 노력 끝에 나온 열매)라고 부른 것이다.

사중주에 초석을 놓은 자기의 스승이자 친구인 하이든에게 바치는 작품이니 만큼 그가 애써서 썼을 것이라는 데 추호의 의심이 가지 않는다. 더군다나 기악 음악의 대가이자 motive(동기)의 발전과 part writing(각 다른 성부의 독립성)에 대해 누구보다 잘 아는 하이든이기에 특별한 노력을 기울였을 것이다. 나중에 Leopold 황제가 모차르트에게 고작 dance곡들이나 위촉했을 때 그가 써낸 작품들을 보면 작품들이 초라해서 왜 이런 것들을 썼을까 하고 의아해하게 하지만 그가 하이든에게 바친 곡들은 위대한 작품들이다.

그리고 모차르트가 죽음에 대해 생각하는 편지를 읽으면 잘 웃고 농담 잘하는 모차르트와는 전혀 다른 모차르트를 보기에 놀라지 않을 수 없다. 1787년 4월 그가 아버지에게 쓴 편지 내용은 이렇다.

"...As death, strictly speaking, is true goal of our lives, I have for some years past been making myself so familiar with this truest and best friend of man that its aspect not only ceased to appeal me, but I find it very soothing and comforting! And I thank my God that he has vouchsafed me the happiness of an opportunity to recognize it as a key to our true bliss. I never lie down to sleep without reflecting that (young as I am) I may perhaps not see another day yet none of those who know me can say that I am morose or melancholy in society and I thank my Creator every day for this happiness and wish from the bottom of my heart that all my fellow men might share it..."(...말하자면 죽음은 우리 삶의 진정한 목표이다. 난 오랫

동안 이 진실과 어떻게 보면 인간의 가장 좋은 친구인 죽음과 익숙하려고 애써 왔다. 그렇기에 이것이 충격적이기보다는 나를 위로하고 편안하게 해준다! 그리고 나는 이것이 그가 주신 진정한 행복의 열쇠라는 것을 알게 해준 기회를 깨달았기에 신께 감사한다. 난 비록 내가 젊지만 자기 전 누워 내일은 내가 살아 있지 않을 수 있다는 생각을 번번이 한다. 아무도 나를 아는 사람들이 내가 우울하다고 생각하는 사람은 없지만... 난 나를 창조하신 창조주에게 마음 속 깊이로부터 이 행복에 대해 감사하며 이것을 모든 동료들과 나누고 싶다...)

이 말은 그가 얼마나 죽음에 대해 잘 알고 있었고 매순간을 창조주와 함께 있었고 최선을 다했다는 것을 알 수 있다. Magic Flute 오페라에서 Tamino가 다시 태어나는 ceremony에서 보듯 그는 시련과 죽음으로써 다시 태어나는 인간의 삶에 대해 성숙한 생각을 가지고 있었고 Creator에 대한 흔들리지 않는 고요한 믿음을 가진 인간이었다. 그의 음악은 눈물 나게 아름다운 동시에 눈물 나도록 그 모순성이 우스울 때가 많다. 그가 자주 웃어서 어떤 이에게는 유아적으로 보였다면 그것도 모차르트에 대한 무지함이다. 마치 심각한 것이 성숙함의 잣대라고 생각하는 촌놈들의 생각처럼...

위의 편지나, 마술피리나, 레퀴엠에서 보듯 모차르트는 자신의 죽음을 예지하며 산 것 같다. 우리가 어떻게 죽었는가는 우리가 어떻게 살았나를 종종 이야기해 주고 죽음은 삶의 일부일 뿐이다. 우리의 이 세상에서의 끝도 나의 힘으로 되는 것이 아니듯,

그 끝은 우리가 여기 있었던 시간들을 정리해 주는 시간이다.

우리는 모차르트가 아주 어린 나이 때부터 아버지에 손에 끌려 여기저기 돌아다니며 본인의 신기한 능력을 여러 귀족들이나 왕 앞에서 연주하고 다닌 이야기를 안다. 모차르트의 재능을 본 아버지는 물론 그 비상함을 알아봤지만 그것이 자기들의 신분 상승을 위해서도 훨씬 이로운 일이 될 것이라고 생각했다.

모차르트보다 다섯 살 위인 누이 난넬도 재능이 뛰어났었고 두 아이들의 연주와 본인도 같이 앙상블을 하는 작은 음악회는 당시의 음악을 사랑하는 합스부르크나 프러시안 귀족이나 군주들 사이에서는 즐거운 광경이었을 것이다. 사실상 그것으로부터 생긴 수입으로 아버지 Leopopld의 가족은 Salzburg 시내에 더 좋은 집으로 이사 갈 수 있었다.

힘든 여행의 스케줄로 모차르트도 여러 번 죽을 고비를 넘겼지만 이 긴 여정에서 그가 만난 수많은 음악가들도 모차르트에겐 모두가 배움의 연속이었다. 어린 나이에 많은 사람들을 만나고 그들 앞에서 연주하는 그 기간 동안 그는 인간에 대한 관찰력과 꿰뚫어보는 비상한 감각도 키워간 것 같다. 모차르트는 누구를 모방하려 한 적도 없었고 새로운 스타일을 창조하려 하지도 않았다. 그의 표현의 세계와 그의 형식들은 분리할 수 있는 세계가 아니다. 아마도 이 unity(일체됨) 자체가 그의 스타일이라고 말하는 게 옳은 듯하다.

모차르트가 태어난 시대도 'golden years'로 바로크 시대가 끝나가며 'strum and drang'의 시대가 다가오는 가운데서 모든 사상과 스타일이 손만 뻗으면 잡히는 시대였다. 그는 자연스럽고 유연하게 이 모든 것을 흡수해 나갔다. 오페라가 오케스트라, 언어를 다룰 줄 아는 능력, 아름다운 아리아를 쓸 능력 등 여러 가지 능력을 동시에 가져야 하기에 그가 오페라를 쓸 정도가 될 때까지는 많은 종류의 작품들을 습득해야 했다.

그가 어렸을 때 쓴 작품들 또한 놀랍다. 그는 7세에 처음 교향곡을 썼지만 그 교향곡은 지금 들어도 별 흠이 없다. 그가 3년 반 동안 유럽 전역을 돌며 연주할 때, 런던에서 바흐의 막내아들 Christian Bach를 만났을 때인 모차르트 나이 9살 때, 모차르트는 벌써 15개의 concert aria를 이태리어로 작곡했었고 유럽의 많은 오페라도 관람했었다.

# 모차르트의 초기 오페라

1767년 Salzburg로 돌아온 후 Salzburg대학에서 라틴어로 된 연극 공연에 intermezzi처럼 막 사이에 삽입할 오페라를 쓰는 것을 위촉 받는다. 이것이 그가 쓴 첫 번째 오페라 Apollo와 Hyacinth이다. 이 작품은 라틴어로 쓰여졌다.

1768년 새로 군림한 Joseph 2세가 모차르트를 만났을 때 이태리어로 된 comic opera를 쓰라고 제안한다. 쓸데없는 소문을 잠재우기 위해 모차르트에게 직접 지휘하도록 시킨다. 리브레토는 Carlo Goldoni의 La finta Semplice(pretended simpleton), 위장한 바보였다. 모차르트는 1768년 6월 558쪽에 달하는 이 악보를 전부 끝내지만 중간에 성악가와 리브레토를 손보는 사람들이 늑장 부리는 관계로 1769년 5월에나 초연된다. 이런 것을 봐도 사람들은 이러한 천재의 등장이 그들에게 놀랍기도 하지만 불편함을 준 것 같다.

그 사이 최면술을 고안해낸 Franz Mesmer가 다른 작품을 위촉해 Bastien and Bastienne를 쓴다. 이 곡은 Jean Jacque Rousseau가 쓴 마을 점쟁이(Le Devin du Village the village Soothsayer) 를 독일어로 만든 오페라이다. Bastien and Bastienne는 singspiel이다. 다시 말하면 sing and play 즉 말로 할 때와 노래가 같이 있는 오페라이다. 지금도 나오는 주인공이 몇 안되기에 대학에서도 자주 공연한다. 이렇게 모차르트는 어린 나이에 독일어, 이태리어, 라틴어로 오페라를 쓰는 기술들을 습득해나간다.

다음 시기는 모차르트가 이태리로 가서 마르티니 신부(Father Martini)를 만났을 때다. 당대의 최고의 선생이었던 Martini 신부로부터 좋은 대위법을 익힌다. 이 여행은 1769년에서 1771년까지 이어진다. 모차르트는 Bologna에서 Accademia Filarmonica 회원으로 받아들여진다. 그리고 Milan에서 Mitradate, re Ponte(1770), 이태리어로 쓴 오페라로 큰 성공을 거둔다. 이어서 1771년 Ascanio in Alba와 opera seria Lucio Silla(1772) 두 개의 오페라를 더 쓴다. 이 작품들은 지금의 la Scala로 알려져 있는 극장 Regio Ducal

Theater in Milan에서 공연된다.

Lucio Silla가 다른 오페라와 다른 점은 모차르트의 오케스트라의 사용이 다른 작곡가와는 다른 점이다. 오케스트라가 가수를 반주하는 것보다 가수와 같이 사용할 때 훨씬 표현의 뉘앙스를 살리기 위해 tone painting이나 mood의 배경을 살리기 위한 것으로 사용된 것이었다. 모차르트에게는 오케스트라는 가수의 파트너였다. 모차르트가 16세가 되었을 때쯤은 그의 오페라 작곡가로서 견습생 시대는 끝난다. 명실공히 그는 벌써 그 시대의 어느 유명한 오페라 작곡가와도 견줄만한 작곡가가 되었다.

Maria Teresa의 아들 Archiduke Ferdinand는 모차르트를 고용할 생각이 있었으나 자기 어머니의 "쓸데없는 사람들과 놀지 말라"는 권유로 모차르트는 직장을 얻지 못하고 Salzburg로 다시 돌아온다.

그리고 1773년 Salzburg에서 궁중음악가로 고용된다. 이 기간 또한 모차르트가 성숙해가는 데 중요한 시기다. 이 시기에 많은 심포니, 사중주곡, 미사곡들, 또 그의 유명한 바이올린 콘체르토들을 쓴다. 필자는 그가 어렸을 때부터 종교음악을 쓴 것이 그의 앙상블 음악이나 합창 음악을 쓰는 것을 자연스럽게 성숙하게 했으리라고 믿는다. 그의 바이올린 콘체르토 또한 Diva가 노래하는 것을 연상시키며, 지금도 많이 연주되는 바이올린의 대표적인 레파토리다.

모차르트는 월급이 너무 적은 관계로 여기저기 비엔나도 가보지만 다른 직장을 찾을 수 없었다. 이 시절의 수확은 1775년에 Munich에서 공연된 La Finta Giardiniera 오페라이다.

Salzburg 직장을 그만두고 1777~1779년은 모차르트가 그 다음 여정을 떠난 시기다. Ausburg, Mannheim, Paris, Munich 등으로 좋은 직장을 찾아다닌다. 그가 Mannheim에서 Pre-classical 시대의 대가였던 John Stamitz를 만난 것 또한 행운이었다. 당시 Mannheim은 유럽의 최고 오케스트라를 자랑했고 그 오케스트라 주자들 또한 뛰어나 모차르트는 그들과 친분을 쌓는다. Stamitz의 뒤를 이어 만하임 오케스트라의 지휘자가 된 Christian Cannabich는 나중에 그의 Idomeneo를 지휘한다.

그의 오케스트라 주자와의 친분은 오페라 Idomeneo에서 놀라운, 전례 없는 아름다운 관악기 writing으로 나타난다. 관악기가 악기마다의 특별한 개성을 가지고 표현된다. 또 trombone의 독특한 사용도 소개한다. 그리고 그의 Symphonic writing은 지금까지의 어떤 이탈리안 오페라나 불란서 오페라에서도 경험할 수 없었던 고도의 기악음악과 성악음악이 만나는 독특한(Unique) 경지에 이른다. 모차르트는 만하임에서 나중에 자신의 아내가 된 Constanza Weber의 언니인 Aloysia를 만나 처음 사랑에 빠진다. 그 집안은 4명의 딸이 전부 성악가이고 아버지가 작곡가 Weber와 친척이었던 집안의 딸들이었다.

1778년 모차르트가 커다란 야망과 온 가족을 호강시킬 큰 직장을 얻을 꿈을 가지고 어머니와 Paris로 떠난 시기를 생각하면 정말 슬픈 생각이 들 때가 많다. 모차르트의 음악이 언제나 모든 감정들을 classic beauty 안에 품고 있고 결코 과하게 표현하지는 않지만 그 내면의 깊은 슬픔, 강렬한 감정들이 Paris에서 돌아온 후부터 현저히 바뀌고 작품 또한 규모가 커지기 시작한다.

그는 Paris의 음악가들을 이론만 따지고 표피적(superficial)이라고 좋아하지 않았다. 그에게 그들이 제공한 직장은 베르사이유 궁전에 오르간 주자가 되는 것이었다. pay가 나쁘지 않고 6개월 일하는 것이라 나머지 시간은 작곡할 수 있는 시간이어서 나쁘지는 않다고 생각할 수 있지만 오페라를 쓰고 싶어 하고 Aloysia를 다시 보고 싶어 한 모차르트가 그 제안을 좋아할 리 없었다. Paris에서 쓰고 연주된 Paris Symphony는 비교적 성공을 거두었지만 그가 심포니를 쓰고 있던 옆방에서 모차르트의 어머니는 병으로 죽고 만다. 장례도 제대로 못치르고 돌아오는 길에 다시 만난 Aloysia는 다른 남자의 여자가 되어 있었다. 모차르트는 떠났을 때보다 빚만 지고 어머니만 잃고 Salzburg로 돌아온다.

그러나 그의 Paris 여행이 낭비만은 아니었다. 파리에 있는 동안 French opera-comique의 경험은 Gluck의 오페라와도 익숙해졌고 불란서 오페라에서 발레와 합창의 사용을 본 것은 그의 다음 오페라 Idomeneo에 영향을 준다. 그가 사용한 libretto 역시 불란서 드라마로부터 영향을 받은 것으로 간주된다. 그가 겪었던 그 여정 중에 많은 고통이 다음 Idomeneo에서 Daniel Heartz의 말을 빌리면 'kind of creative shock' 충격적인 창조력으로 나타난다.

그의 아버지 Leopold는 아들을 위해 섭외를 잘해서 그가 Salzburg로 돌아왔을 때 모차르트는 concertmaster 이외에 court organist의 직을 추가해 훨씬 높은 salary를 받게 된다. 모차르트는 이 시절 1779에서 1780년 동안 훨씬 더 universal한 큰 심포니도 쓰고 이때의 유명한 작품들 중엔 coronation Mass와, 그 아름다운 바이올린과 비올라를 위한 sinfonia concertante K. 364가 있다. 그리고 이 시기의 대작 중에 C장조 작품들이 많이 있다. 하이든이나 모차르트 역시 웅장한 작품들을 쓸 때 C장조를 선호했다. 1779-1780년 사이 Zaide(the Harem)라는 singspiel을 작곡한다.

# 이도메네오
# Idomeneo

1780년 오랜만에 모차르트는 새로운 Munich의 elector로부터 오페라를 위촉 받는다. 사실상 eletor Karl Theodor는 만하임에서 Munich으로 또 다른 위임을 받아 이주해 온 것이었다. 그는 음악에도 조예가 깊었고 음악을 무척 사랑했었다. 그의 궁정에는 불란서 드라마에 대한 도서도 많았으며, 그의 불란서 드라마 극단 또한 높은 명성을 자랑하고 있었다. 그 때문에 많은 만하임 음악가들이 그곳으로 이동했으며 유럽에서 가장 유명한 극장과 오케스트라를 자랑하고 있었다.

그곳의 발레 안무가 Claud Le grand, 무대장치를 관리하던 Quaglio 또한 뛰어난 명성을 지닌 사람들이었다. 그가 쓴 위대한 오페라 Idomeneo가 바로 Karl Theodor로부터 위촉받은 작품이다. 모차르트는 Salzburg 직장에서 6주 동안 떠날 수 있는 허가를 받고 1780년 11월 Munich로 떠난다.

1781년 1월 카니발 시즌을 위해 초연된 Idomeneo는 나중에 그의 아내가 된 Constanza가 이야기하기를 모차르트가 작곡하며 가장 행복해 했던 작품이라고 말한다.

그 당시 성공적으로 공연된 작품이지만, 1931년 모차르트 사후 150주년이 되어서 모차르트에 대한 연구가 다시 활발해지면서 재조명을 받을 때까지 이 위대한 작품에 대한 가치를 사람들은 알아보지 못했다. 이 곡이 opera seria라는 구시대적 작품이라 현 시대에서 이해하기 힘들고, 그 다음 시대와는 맞지 않는 작품으로 생각할 수도 있었을 것이다. 스토리 자체는 그리스 시대의 연극을 enlightenment에 맞게 재조정한 것이다.

크레테(Crete)왕 Idomeneo가 트로이 전쟁에서 이기고 돌아오던 중 풍랑을 만나 죽을 지경이 됐다. 목숨을 건지기 위해 바다의 신과 자기가 크레테 섬에 도착했을 때 처음 만나는 사람을 죽이는 언약을 한다. 그가 크레테 해변에 도착했을 때 처음 만나는 사람이 자신의 아들 Idamente이다. Idamente는 자기가 데려온 노예인 트로이 왕 Priam의 딸 Ilia와 사랑에 빠진다. Agamemnon과

Clytemnestra의 딸 Electra도 Idamente를 보고 반한다.

이 극에 자기의 아들을 바쳐야 하는 것 또한 Gluck의 Iphigenia 연극에서 희생물을 바쳐야 하는 흡사한 면이 있다. 또 괴팍하고 질투 많고 화난 Electra의 성격을 오케스트라를 동원해 미친 듯이 표현한 점은 전에 없던 표현들이다.

그리스 시대의 연극에 나오는 인물들이 다른 opera seria에서는 하나의 symbol처럼, 동상을 보는 것처럼 딱딱하게 느껴질 수 있으나 모차르트의 오페라에서는 살아있는 인간처럼 느껴지는 것이다. 아버지가 아들을 차마 죽일 수 없어 Electra를 데리고 멀리 떠나라고 명령하지만 다시 거센 폭풍이 몰아치고 괴물이 등장하는 것을 보고 공포를 느낀 Idomeneo는 자기의 Neptune과의 약속을 고백한다.

그 이야기를 들은 Idamente는 자기를 기꺼이 희생하겠다고 하며 Idomeneo가 자신의 아들을 죽이려 할 때 Ilia가 자신이 대신 희생하겠다고 나선다. 그 순간 멀리서 다시 Neptune의 소리가 들리며 왕위를 Idamante에게 계승하라고 한다. 오페라는 Idamante가 왕위를 계승하고 Ilia와 결혼하는 것으로 행복하게 끝난다.

이 오페라가 지금 와서 많은 사랑을 받는 것은 그의 음악이 유난히 아름다운 것도 있지만 뛰어난 오케스트라의 사용으로 공포, Madness, 질투 등 나오는 인물들을 생생하게 공감을 가질 수 있게 그렸으며 인간에 대한 깊은 감정과 현 시대에 맞는 인간의 진실성들을 실감 있게 느낄 수 있기에 소중하게 다시 살아온다.

사실상 이 곡은 그 때까지 쓰여졌던 모든 opera seria 중 가장 뛰어난 작품으로 평가된다. 살아 숨쉬는 인물들, 드라마틱한 전개, 뛰어난 오케스트라의 사용과 앙상블, 합창들, 아름다운 멜로디가 전에 못 들어본 opera seria이기 때문이다.

1778년 그가 만하임에서 아버지에게 쓴 편지를 인용하면 "To write opera is now one burning ambition. 난 오페라를 쓰는 사람이 부럽다. 아리아만 들어도 눈물이 나온다."(Anderson 486,462) 그렇게 오페라를 쓰고 싶어 했던 모차르트에게 Salzburg는 오페라 하우스도 없는 촌구석이고 답답한 곳이었다.

5년 만에 온 제대로 갖추어진 오페라 위촉이고 뮌헨의 음악가들과는 지휘자, 가수, 오케스트라 주자 할 것 없이 모두 훌륭한데다 친분이 있는 사이였기에 모차르트는 그동안 자기가 오랫동안 답답했던 에너지와, 한층 성숙된 음악에 대한 기술을 전부 쏟아부을 수 있었다. 그렇기에 이 오페라는 처음부터 돈 조반니만큼이나 강렬함을 지니고 있다. 이 곡의 libretto를 Salzburg에 있던 사제 Gianbatista Varesco에게 맡겼다. Varesco의 기술이 대단한 것은 아니었지만 가족과의 친분이 있는 관계로 중간의 연락을 아버지 Leopold가 맡았다. 문제의 해결을 위해 모차르트가 아버지에게 쓴 편지들이 남아있는 관계로, 우리는 모차르트가 얼마나

libretto에 대해 많이 알고 있으며 오페라를 쓰는 데 있어 얼마나 대단한 드라마틱한 감각을 지녔나를 이 오페라를 통해 엿볼 수 있다. 불행히도 다른 오페라들에 대해서는 극본 작가와의 서신이 남아있는 것이 많지 않다.

누가 Idomeneo 작품을 선정했는지는 분명하지 않지만 모차르트가 작품 선정에 있어서도 영향을 주었을 것으로 짐작한다. 내용 자체가 아버지와 아들과의 갈등을 다룬 이 비극이 모차르트가 Paris에서 엄마가 죽고 난 후 자신이 겪은 자신의 아버지 Leopold와의 깊어진 갈등으로 인해서도 훨씬 생생하게 살아난 것으로 추정해 본다.

Paris에서 본 Gluck의 Iphigenie en Aulied, Iphigenie en Tauride 또한 그의 작품에 영향을 가져다 준다. 오케스트라의 레시타티브 반주, 발레 음악, 커다란 합창의 사용 등이 불란서 오페라의 영향이다. 원래 모차르트는 독일 singspiel보다는 불란서와 이태리 오페라를 선호했고 이태리 오페라를 제일 좋아했다. Gluck과 Mozart가 근본적으로 다른 점은 Gluck은 드라마 전체를 살리기 위해 음악, 발레, 합창, 스토리를 결합했지만 모차르트의 음악을 다룰 수 있는 기술은 워낙 뛰어났기에 스토리, 발레, 드라마 등 다른 모든 요소들이 그의 음악으로 모두 통합되는 것이 다른 점이다.

모차르트는 워낙 뛰어난 symphonist에다 그의 아름다운 간결한 아리아를 만들 수 있는 능력 또한 누가 모방할 수 있는 일이 아니었다. 그의 드라마에 대한 감각도 뛰어나 오페라를 쓸 작품의 선정 전에도 수 백 개의 리브레토를 검토한 후에 선정하곤 했다. 많은 사람들이 그의 천재성 때문에 모든 것이 그에게는 쉽게 왔을 것으로 단정하는 무지함을 보이는 것 또한 슬픈 일이다.

우리는 그의 뛰어남과 그의 sense of humor(유머스러운 감각) 때문에 그가 한 인간으로서 겪었을 고난에 대해서도 무감각할 때가 많다. 비록 그가 작곡하는 시간을 즐겼다 하지만 모차르트는 어렸을 때부터 남들이 놀 때 주로 일했으리라고 생각한다.

그를 domineering한 지배적인 아버지와의 갈등, 아버지가 반대한 결혼, 가족을 부양해야 하는 책임, 그의 아이들이 어린 나이의 사망한 것, 살림할 줄 모르는 아내, 매일 병 치다꺼리로 목욕을 하기 위해 떠난 아내, 빚에 쪼들리는 생활, 사실상 J.S. Bach 빼고는 어느 음악가도 이만큼 고통을 치른 음악가도 드물다. 그는 결혼해서 우리 같은 평범한 인간이 치르는 고통을 전부 매일 일상생활에서 치른 참 인간적인 인간이었다. 그렇기에 그의 오페라에 나오는 인물들이 우리에게 생생하게 느껴지는지 모르겠다. 바흐나 헨델과는 다르게 그가 남긴 친근감 있는 편지들 덕분에 그를 우리와 가까운 인간으로 느낄 수 있는 것은 참으로 행운이다.

다시 Idomeno 작품으로 돌아와서 리브레토를 쓴 Varesco는 1712년 Paris에서 공연된 Andre Campra가 작곡하고 Antoine Danchet가 쓴 Idomineo, a tragedie lyrique를 기반으로 그의 이탈리안 리브레토를 썼다. 당시의 불란서 비극을 이태리어로 바꾸는 일은 흔히 사용되던 일이었고 처음 1, 2막은 불란서 연극과 흡사하고 레시타티브는 주로 불어에서 이태리어로 번역한 것들이었다. 3막에서는 내용이 계몽(Enlightenment) 시대에 맞게 화해와 해피 ending으로 끝나고 Neptune의 ghost scene(유령이 나타나는 장면)을 자꾸 짧게 줄이라는 모차르트의 주문으로 Varesco와의 사이에 골치 아픈 갈등이 많았다.

여기서 잠깐 Tovey가 말한 바로크 오페라 세리아와 모차르트 오페라 세리아 사이의 차이점을 이야기하고 싶다. Tovey는 "바로크 오페라 세리아는 archtectural(건축을 세워놓는 것)하고 모차르트의 오페라 세리아는 dramatic하다"고 언급한 바 있다. 바로크 오페라는 불럭이 움직이는 것처럼 아리아의 연속이 오페라의 진행으로 이루어지지만 모차르트에 와서는 전체 드라마 스토리가 진전하는 continuity(진행성)를 느낀다는 것이다.

물론 classic 시대의 훨씬 발달된 기능 화성의 진행은 그림에서의 원근법 사용처럼, 클라이맥스나, relax하는 장면들을 화성의 변화와 진행으로 표현하는 것들은 훨씬 더 새롭게 발달된 테크닉이었다. 또 워낙 뛰어난 심포니스트였던 모차르트는 합창, 앙상블, 오케스트라와 화성, motive의 전개, 대위법 등을 자유자재로 사용할 수 있었기에 그의 오페라는 전에 없었던 높은 경지를 구축한 것이었다. 그의 앙상블을 통한 action을 빨리 이어가는 기술은 다음에 오는 어떤 작곡가도 그 근처마저도 모방할 수 없는 경지를 이룬 것이다.

또 Ilia(Dorothea Wendling)역과 Electra역을 맡은(Elisabeth Wendling)과는 지난번 Mannheim 방문 때부터 알던 사이었고 나중에 그가 쓴 오보에 콰르텟(oboe quartet)을 헌정한 오케스트라 오보에 주자인 그녀의 남편과도 잘 아는 사이였다. theatre director였던 Count Joseph Anton Von Seeau와도 친분이 있는 관계로(모차르트가 표현하기를 그는 Mannheimer들과 하도 가까워져서 wax처럼 녹아 있었다) 모차르트는 미리 이 오페라를 시작할 수 있었다. Count Seeau는 여러 가지 계약 문제도 해결해준 것으로 전해진다. 모차르트가 Munich에 도착하기 4달 전 이 작업의 1, 2막은 대충 끝낸 것으로 보인다. 3막에 나오는 Neptune의 Ghost 장면에서 모차르트가 Hamlet의 Ghost 장면이 너무 길어지면 thrill(격렬함)이 없어진다고 줄이라고 독촉한 것을 보면 모차르트는 셰익스피어에 대해서도 잘 알고 있었고 드라마의 speed에 대한 control도 뛰어났었다. 3막에서의 action이 빨리 진행되고 공포를 느끼는 장면들에서 Mozart의 dissonance(불협화음)의 사용은 낭만주의 음악을 연상하게 한다.

이 오페라는 성공을 거두었으나 유럽의 다른 도시들로 번져 나

가지는 못했다. 모차르트가 비엔나에서 작품을 수정도 하고 다시 공연되기를 바랐지만 1786년 private performance로 끝났다. 비엔나에서 Salieri 등 다른 이탈리안 작곡가들이 많이 있었던 관계로도 이 오페라가 거기서 상연되기가 힘들었을 것으로 추정된다.

Idomeneo 공연이 끝나고 4달이나 늦게 한참 후에야 Salzburg로 돌아온 모차르트와 그의 후원자였던 Archibishop Colloredo과의 관계가 좋을 수 없었다. 그렇지 않아도 Colleredo는 본인이 모차르트에게 후한 대접을 한다고 생각하고 있는데 Salzburg에 사는 것에 대해 큰 불만을 가졌던 모차르트는 결국 Count Arco한테서 모욕을 당하고 자기 직에서 해고를 당한다.

모차르트를 해고한 것으로 역사에 남은 Colleredo지만 그가 모차르트의 가치를 모른 것은 당연한 일이었다. 당시의 Colleredo의 생각엔 모차르트의 위치는 요리사와 vallet 사이에 앉아 있으면서 위의 명령을 기다리며 뒤에서 기다려야 하는 위치의 사람 이상으로 여기지 않았고 귀족에게 대드는 것은 있을 수 없는 일이라고 생각했기 때문이다.

1781년 해고 당한 모차르트는 큰 꿈을 품고 Vienna로 향한다. 2개의 오페라 하우스가 있고 새로 부임한 예술을 사랑하는 군주 Josehp 2세가 있는 비엔나는 모차르트에게는 꿈의 도시였다. 1781년 비엔나에서 처음으로 free-lancer 음악가의 인생을 시작한 것이다. 본인이 연주하고, 작곡하고, 표도 파는 인생을 용감히 시작한 것이다.

비엔나는 모차르트에겐 어린 시절부터 낯익은 장소였다. 이번이 그에게는 네 번째의 방문이었다. 그는 처음부터 유명한 clavier 주자로서 피아노곡의 작곡가로서 비엔나 귀족들의 마음을 사로잡을 수 있었고 상류 사회 lady들에게 피아노 레슨도 하며 곧바로 상류사회의 아이돌이 될 수 있었다. 예술을 사랑하는 새 emperor Joseph 2세는 비엔나에 오래된 Imperial 이탈리안 극장에 버금가는 German Imperial 극장을 지을 생각을 가지고 있었다. 이 극장을 염두에 두고 모차르트는 1779년 Zaide를 작곡한 바 있다.

# 후궁으로부터의 유괴
# The Abduction from the Harem
## (1782년 Burgtheatre 초연)

그의 오페라 Idomeneo가 성공을 거둔 후라 Imperial German Theatre의 Director였던 Count Rosenberg가 모차르트에게 독일어로 된 새 오페라 The Abduction from the Harem(후궁으로부터의 유괴)를 제안해 왔다. 이 극의 원 리브레토를 쓴 작가는 Christoph Bretzner였다.

모차르트와 이 오페라의 극본을 쓰고 Nationalsingspiel의 Inspector였던 Gottlieb Stephanie가 모차르트에게 건네준 극본은 자기 것이 아니라 Johann Andre가 음악을 쓰고 Bretzner가 극본을 쓴 Belmont and Constanza 'the Abduction from the Harem'이라

는 오페라로 두 달 전 Berlin에서 공연된 오페라의 극본이었다. Stephanie와 모차르트가 극본을 다시 써내려가면서 오페라 스토리의 ending도 바뀌가지만 나중에 원 작가의 원성을 샀다고 한다.

사실상 오스트리아와 터키와의 전쟁이 400년 이상 계속되어 왔던 터라 비슷한 이야기가 많이 있었고 이런 이야기들은 당시 청중들이 이색적이라 좋아하는 이야기였다. 사실상 오페라 가수들이 탄 크리스찬의 배를 Islam들이 납치했었다는 뉴스도 알려진 바도 있었다. 하이든의 음악에서도 터키 음악의 등장도 종종 보아왔고 모차르트도 피아노나 실내악에서도 Turkish 음악을 재미있게 응용한 작품들을 가끔 본다. 오랫동안 전쟁하는 사이에서 우리가 지금 베트남 사람들에 대해 많이 알아가듯이, 오스트리아 사람들에게 좀 더 익숙해진 이슬람 사람들이 예술가의 손에서 재미있는 음악으로 다시 태어난다.

'후궁으로부터의 유괴'는 1782년 7월 Burgtheatre에서 초연된다. 이 작품은 모차르트가 살아 있었을 때 가장 인기를 많이 누린 작품이었다. royalty 제도가 없던 시대에 모차르트가 받은 금액은 100 ducat으로 얼마 되지 않은 금액이었지만 모차르트의 작곡가로서의 명성은 크게 번져나갔다. 이 작품의 스토리텔링도, 아랍인들의 분장, 다른 문화의 건축의 set, custom 등으로 동화처럼 느껴지기도 하고 또 누구나 좋아할 수 있는 우스운 오스민의 아리아들은 나중에 오는 대작 '마술피리'를 예고하는 듯하다. 이 곡은 singspiel이기 때문에 레시타티브 대신 말로 하는 대화로 이어간다. 그렇기에 그의 다음에 나오는 걸작(피가로의 결혼, 돈 조반니 등)에서 음악으로 모든 구성을 전개해나가는 모차르트 특유의 기술은 여기서는 볼 수 없다.

또 하나 모차르트가 다른 오페라 작곡가와 다른 점은 Gluck의 전체 드라마를 위해 모든 것이 거기에 종속되어야 한다는 주장과 다르게 모차르트는 아무리 하찮은 극본도 그것을 음악을 가지고 훌륭하게 엮어가는 능력 때문에 모든 작품들이 위대한 예술 작품으로 재탄생하는 것이다.

1781년 10월 그가 아버지 Leopold에게 쓴 편지에서 보듯 "I would say that in an opera the poetry must be altogether the obedient daughter of the music. Why are Italian comic operas popular everywhere-in spite of miserable libretti?... Because the music reigns supreme, and when one listen to it all else is forgotten."(난 오페라에서 시는 음악에 완전히 순종해야 하는 자식으로 생각한다. 왜 이탈리안 오페라가 형편없는 극본에 붙여도 인기가 있겠는가? 왜냐하면 음악이 완전히 지배하고, 음악을 들을 때 다른 것은 다 잊혀지기 때문이다.) 오페라는 구성이 잘 이루어지고, 말이 오로지 음악을 위해 쓰여졌을 때, 여기 저기 rhyme을 맞추려하지 않고, 가장 이상적인 것은 무대를 잘 이해하는 좋은 작곡가가 좋은 제안(suggestion)을 하고 좋은 시인을 만났을

때 이루어진다"라고 이야기한다. 극본가 Stephanie는 모차르트의 제안을 잘 받아들여 같이 극본을 고쳐나갔다.

이 작품에서 모차르트는 적당히 serious하고 적당히 comic한 요소를 섞어 변화를 이어갔다. 그리고 이 작품도 그의 taste와 철학에 맞추어 음악을 모르는 초보자나 음악을 아주 잘 아는 professional도 전부 만족할 수 있는 작품을 썼다.

또 한 가지 그가 Osmin의 아리아를 쓸 때 모차르트가 쓴 편지를 보면 그의 철학이 확실히 담긴 면을 볼 수 있다.

"Just a man in such a towering rage oversteps all order, moderation and restraint and completely forgets himself, so the music must forget itself. But since passion, however towering, should never be expressed in such a way as to excite disgust, and music, even in the most terrible situations, should never offend the ear but on the contrary give pleasure, in other words, never cease to be music. I've not chosen a key that's foreign to F(the key of aria) but one related to it, only not the nearest, D minor, but the more remote A minor."(사람이 화가 머리끝까지 올라 절제도 안 되고 자신도 망각하는 것만큼 음악도 전부 잊게 만들 수 있어야 한다. 그러나 그 감정이 아무리 극단적이어도 음악은 불쾌감을 일으키면 안 된다. 음악은 아주 형편없는 상황에서도 귀에 불쾌감을 주어서는 안 되고 반대로 그래도 즐거움을 줄 수 있어야 한다. 그래서 난 F로부터 이질적인 조보다는 가장 가까운 D단조 대신 좀 더 먼 A단조를 사용했다.)

위에서 언급한 것처럼 모차르트의 아름다움의 개념은 classic 시대의 절제와 균형을 바탕으로 한다.

이 작품은 주인공 Belmont가 Pasha Selim에게 납치된 자신의 애인 Constanza를 구하러 가는 것부터 시작된다. 감독관 Osmin과 궁전의 주인 Pasha라는 인물의 등장, 대조적인 Belmont와 그의 애인 스페인 귀족 여인 Constanza, Belmont의 하인인 Pedrillo, Constanza의 하인이자 Pedrillo의 애인인 Blonde가 각자 쌍으로 나오고 위의 세 명이 이슬람 배에 노예로 잡혀 온 것을 Belmont가 자기 애인 Constanza를 찾아 나선다. 잡혀 온 사람 중 Pasha는 Constanza를 좋아하고 Osmin은 Blonde를 자기 노예로 생각한다. 아주 다른 종류의 성격을 가진 인물들에 대한 묘사가 이 오페라를 이끌어간다. 모차르트는 각 인물들을 생동감 있고 독특하게 만들어냈다.

특히 Osmin을 맡았던 성악가 Ludwig Fisher가 비엔나에서 워낙 인기가 높던 가수라 모차르트는 그 사람을 염두에 두고 오페라에서 쓰는 성악의 영역에서 가장 낮은 음 D로 가게 하는 등 그에게 맞는 재미있는 아리아를 작곡했다. 아랍음악에서 자주 쓰는 kettle drum, xylophone, triangle, cymbal, piccolo 등 요란한 타악기 오케스트레이션 또한 서곡에서 사용한 독특한 음악이다. Turkish 사람들이 등장할 때나, overture 때나 오페라가 끝날 때 쓴 터키 군대 음악은 오페라의 다른 내용들과 대조를 이루며 아주 재미있게 쓰여져 있다. 이런 타악기의 등장도 전례 없는 일이었다.

이 곡에서 무섭고 화 잘 내는 Osmin의 상을 그리면서 모차르트가 Salzburg에서 자기의 궁둥이를 치며 모욕을 준 Count Arco한테 품었던 화를 풀어나갔다고 한다.

2막에서 Constanza가 부르는 아리아에서 그 역을 맡았던 Catarina Cavalieri의 유연한 목소리에 맞게 아주 고난도의 아리아를 작곡한다. 이 아리아는 목소리를 Sinfonia concertante처럼 오케스트라의 솔로 악기들과 더불어 앙상블을 하면서 곡예를 이어간다. Pedrilo가 탈출하기 위해 Osmin의 술에다 수면제를 넣고 둘이 부르는 Bacchus(술의 신)에 대한 찬양의 노래 또한 유명하다.

이 오페라의 주인공의 이름이 Constanza인 것처럼 모차르트는 이 오페라를 쓰는 동안 아버지의 동의 없이 Constanza와 결혼한다. 아들 모차르트가 자기로부터 독립하려는 것에 대한 불안감과 그렇게 고용주와의 불화로 갑자기 떠난 아들 때문에 자신이 kapellmeister가 될 수 있었는데 되지 못했다고 생각한 아버지 Leopold의 원한, 모차르트와 떠난 파리 여행에서 아내가 죽은 것에 대한 원한 등 여러 사건으로 아버지와의 갈등은 이어진다.

3막에서 Belmont가 Constanza에게 Pasha가 구애하는 사이 정조를 잘 지켰느냐고 추궁하는 장면 또한 모차르트의 자서전적인 면이 담겨있다. 그들이 탈출하려다 들켜 다시 잡혀 왔을 때 Osmin이 이들을 때리고 볶아먹어 버리고, 고문하고 복수해야 된다고

노래하는 아리아,

Osmin 오스민

'First you'll be beheaded: 첫째 목을 베고

Then you'll be hanged: 그 다음 목을 매달고

Then impaled on red-hot skewers: 빨갛게 달군 꼬챙이로 푹 찌르고

Then burned to a crisp: 그다음 바삭바삭하도록 태우고

Then manacled and drowned: 그리곤 묶어서 물에 처넣고

And finally you'll be skinned alive: 마지막으로 껍질을 산채로 벗길 거다'

라는 아리아에서 악당을 그리면서 comic하게 표현한다.

Belmont 대신 자신을 죽이라고 하는 Constanza, Belmont가 자기 적의 아들인 줄 알고 나서도 그를 풀어 주기로 마음 먹은 Pasha… 또한 화해를 이야기하는 계몽 사상의 이야기다. 이 오페라에서 Pasha는 노래하지 않고 대화만 한다.

Pasha의 입을 통해 모차르트는 "Nothing is more hateful than revenge."라고 말하며 이 오페라의 끝도 화해로 끝난다. 3막의 내용은 Bretzner의 내용과는 다르게 모차르트가 고쳐 나갔다. 여기서도 모차르트가 자서전적인 자신의 삶의 내용들을 많이 첨가했다.

영화 Amadeus에서 황제 Joseph 2세가 모차르트에게 "오페라가 좀 복잡하고 음들이 너무 많다"고 이야기했을 때 눈치 없이 모차르트가 꼭 "필요한 만큼의 음만을 썼다"고 대답하는 것을 볼 때 그의 성격의 면모를 볼 수 있다. 그 대화는 Abduction 오페라 공

연 후 이루어진 대화였다.

Robert Greenberg의 말을 인용하면 Idomemeo가 전통적인 opera seria의 한계를 초월하듯 'Abduction from Harem' 역시 singspiel 카테고리에 들어가기엔 comic 오페라도 아니고 그렇다고 심각하거나 영웅적인 것을 다룬 것도 아닌 확실히 어느 카테고리 안에 넣기에는 세련된 복합성을 가진 오페라였다.

역사적으로 복잡한 Islam과 Christian의 갈등을 이 오페라에서 보는 것도 흥미로운 일이다. 오랜 전쟁 동안 목욕 문화, 건축, 수학 등 Islam이 서방에 가르쳐 문화도 수없이 많지만 Ottoman 왕국이 강해졌을 때는 헝가리 영토까지 전부 지배해 왔기에 그들은 1532년엔 비엔나에서 30마일 떨어진 곳까지 쳐들어왔었다. 나중에 모차르트가 빚에 쪼들릴 당시는 Constantinople을 장악하고 싶어 한 러시아 황제를 오스트리아 황제 Joseph 2세가 돕기로 한 조약 때문에 오스트리아가 Turkey와의 전쟁으로 인해 국민으로부터 너무 많은 세금을 징수했기 때문에 국력을 소진할 수밖에 없었다.

그 후 1차 대전에서는 오스트리아와 터키가 같은 편으로 영국, 불란서 등 연합군에 대항해 싸우고, 2차 대전에서는 오스트리아는 히틀러와 합치면서 연합군에 맞서 싸워 전쟁에서 지는 바람에 지금의 작은 모습을 하게 되었다.

# 피가로의 결혼
## The Marrage of Figaro
### (1786년 비엔나 초연)

1786년 4월에 초연한 모든 opera buffa 중 최고의 걸작인 모차르트의 Figaro의 결혼이 나올 때까지의 여러 가지 음악의 역사적 과정과 어떻게 이 작품이 처음 나올 수 있었던 계기를 살펴보는 것은 그냥 우리가 들어도 즐거운 오페라이긴 하지만 모차르트와 그의 음악을 이해하는 데 커다란 도움이 될 것이다. 또한 모차르트의 위대한 오페라 세 개의 리브레토를 쓴 로렌조 Lorenzo da Ponte(1749-1838)와 모차르트의 관계를 아는 것도 재미있는 일이다.

Da Ponte의 본명은 Emmanuel Conegliano로 유태인이며 베니스에서 구두공의 아들로 태어났다. 가톨릭으로 개종하지 않으면 아들이 교육도 받지 못하는 것을 안 아버지는 그에게 세례를 해준 주교의 이름을 따서 개명을 하고 그의 아들들을 신학교에서 교육을 받도록 한다. 그리고 Da Ponte는 신학교에서 1773년 신부가 된다. 그 후 라틴어, 이태리어, 불어 등을 가르치며 방종한 삶을 살아간다. 결혼한 여자와 불륜 관계를 지속하고 애들도 낳은 후 베니스로부터 추방 당한다.

그 후 자기의 친구, Dresden 궁중시인이었던 Mazzola의 도움으로 그의 추천장을 가지고 Salieri를 만난 후 비엔나 Italian theatre의 리브레토를 쓰는 직장을 얻는다. 모차르트와 Da Ponte는 모차르트의 후원자이기도 했던 또 다른 가톨릭으로 개종한 유태인 은행가 Raimond Wetzlar von Plankenstern 남작의 집에서 만난다. Da Ponte가 궁중 시인으로 임명되었기에 그가 제일 먼저 할 일은 Salieri가 쓰라는 리브레토를 쓰는 일이고 그 다음으로는 Joseph 황제가 선호하고 인기 있었던 스페인에서 온 작곡가 Martin Y Soler의 리브레토를 쓰는 일이었다.

Da Ponte가 모차르트를 좋아한다고 해도 모차르트가 자기 차례를 기다리는 일은 쉬운 일이 아니었다. 모차르트의 말을 빌려도 Da Ponte가 자기의 리브레토를 써준다고는 했지만 "이탈리안들은 얼굴을 마주칠 때는 친절하지만 믿기 어렵다"고 이야기한 적이 있다. 모차르트가 어렸을 때 La Finta semplice 오페라 공연 때도 질투가 많아 공연이 늦춰졌었는데 이번엔 어떻게 모차르트를 질투하는 궁중 안에 Salieri를 비롯한 많은 적들 사이에서 Da Ponte와의 협업이 가능했는지에 대한 재미있는 일화가 많다.

유명한 모차르트 음악학자 Daniel Heartz에 의하면 당시 "세빌리아의 이발사"를 쓴 Paisiello가 St.Petersburg에서 돌아오는 길에 Vienna를 들렀을 때 그의 오페라가 너무 인기를 누리는 바람에 Salieri의 이름은 가려진 상태였다. 다행히 1784년, 1786~87에 Paris에서 그의 나이 먹은 mentor Gluck 대신에 Salieri를 초청한 상태였다. Joseph 2세 황제의 여동생 Marie Antoinette가 파리에 있었기에 Salieri는 비엔나와도 계속 연락하고 있었지만, Da Ponte가 리브레토를 쓴 그의 오페라 Un rico d'un giorno가 완전히 실패로 끝난 바람에 다시는 Da Ponte와 협업하지 않겠다고 했다. 그 바람에 Da Ponte는 모차르트의 리브레토를 쓸 시간이 생겼던 것이다. Martin y Soler는 모차르트의 재능을 존중했었기에 그와의 관계는 수월했다.

Paisiello가 쓴 Beaumarchais의 세빌리아의 이발사가 1783년 Burgtheatre에서 공연하며 선풍적인 인기를 가져왔을 때 그가 나폴리로 가는 도중 비엔나에 들렀다. 평소에 서로를 존경하던 사이였던 둘의 관계라 Mike Kelly(당시 모차르트가 잘 아는 유명한 가수)의 소개로 모차르트에 집에서 만날 수 있었다.

그 후 자신의 agent인 Mr. Ployer의 집에서 자신의 제자인 Miss Ployer가 피아노 콘체르토를 치고 모차르트가 자신의 5중주곡을 같이 연주할 때도 모차르트는 Paiseillo를 같이 초청했다.

러시아에서 초연 후 1782년 비엔나에서 공연된 Paisiello의 '세빌리아의 이발사' 는 그 후 100번 이상 공연될 만큼 커다란 성공을 가져왔다. 그 후속으로 나온 작품이 'Figaro의 결혼'이다. 세빌리아의 이발사에 나온 젊은 여주인공 Rosina가 Figaro의 결혼에 나온 백작 부인이고 Count Almaviva는 'Figaro의 결혼'에서는 벌써 부인한테 싫증난 조금 못된 바람둥이로 나온다. Figaro의 계략 때문에 자신이 Rosina와의 결혼할 것을 못 이루었다고 생각한 Dr. Bartolo(무슨 박사인지는 모르지만 자신이 매사에 탁월하다고 생각하는 Rosina의 guardian)는 필히 Figaro의 결혼을 막고 복수하겠다고 마음먹는다. 그가 부른 vendetta(복수)는 유명한 아리아다.

이 작품은 '세빌리아의 이발사' 마지막에 Almaviva 백작이 자기의 하인이 결혼하기 전날 귀족인 집 주인이 하룻밤 같이 잘 수 있는 권리를 포기하겠다고 선언한 후 Figaro의 결혼에서는 계속 그의 부인의 하인인 Susanna가 Figaro와 결혼하는 것을 방해하려 한다. Susanna를 유혹하려는 마음을 가진 것에 대한 Figaro의 반항과 계략으로 class간의 대립을 이야기하는 것이기에 유럽 전체에서 금지령이 내려져 더욱 더 유명해지고 scandal이 되었다.

루이 16세의 반대로 Beaumarchais의 연극은 불란서에서는 완전히 금지되었고 독일어로 번역된 것이 비엔나에서 상영된 후 계몽

군주였던 Joseph 2세는 연극은 금지시켰지만 이 연극을 좋아해 이태리어로 내용을 좀 완화해 오페라로 공연되는 것은 찬성해 모차르트의 다른 작품들을 듣고 그에게 위촉한 것이다.

Da Ponte는 5막의 Beaumarchais의 연극을 4막으로 줄이는 한편, 16명의 출연자 수를 11명으로 줄이고 Mozart와의 훌륭한 협업을 이루어냈다.

1791년 모차르트가 죽은 후 Da Ponte는 Joeph 2세가 죽은 바람에 후원자를 잃고 많은 빚을 진 후 영국으로 건너가 이 일 저 일을 하다 많은 또 빚을 져 미국으로 탈출한다. 미국으로 와서 처음엔 채소 가게를 하다 뉴욕 Columbia college에서 이태리어 선생을 하게 된다. 1807년 자신의 회고록을 써서 1823년에 출간되지만 정직한 이야기보다는 모험담 같은 이야기를 썼다고 한다. Mozart의 훌륭한 리브레토를 쓴 것으로 명성을 남겼지만 Mozart에 대한 칭찬보다는 자신의 능력을 더 많이 포장한 것으로 알려져 있다.

그가 모차르트와의 협업에서는 무척 빛나지만 Salieri나 Martin Y Soler와의 작품에서는 유명하지 않은 것을 보면 사실상 모차르트 오페라의 dramatist는 틀림없이 모차르트이다. 모차르트는 보통 때도 word play도 즐겨하고 rhyme을 맞추는 것도 즐겨하곤 했다.

The abduction from Harem이 1782년 초연되고 1786년 'Figaro

의 결혼'이 위촉될 때까지 모차르트가 4년이란 세월을 기다려야 했다. 그 사이 3년에 걸쳐 하이든에게 헌정한 6개의 사중주곡을 쓰면서 모차르트는 앙상블 writing에 대해 무척 성숙해졌다. 또 많은 훌륭한 피아노 콘체르토를 쓰며 그의 symphonic writing이나 solo를 다루는 기술 또한 또 다른 경지로 들어간다.

베를린에 비엔나 대사로 있었고 영국에서 가져온 헨델의 작품을 번역해서 하이든에게 주었던 von Swieten의 집에서 일요일마다 만나 바흐와 헨델의 작품을 연주하고 공부하게 된다. von Swieten 남작은 모차르트에게 그들의 악보도 빌려준다. Bach와 Händel의 악보를 보며 작품들을 공부하게 된 후 모차르트는 fuga의 깊이와 아름다움에 더 깊이 빠져들었으며 모차르트와 Constanza와의 대화에서 fuga에 대한 감탄을 쏟아낸다. 그것은 다시 Mozartian counterpoint로 다시 태어나고 그의 앙상블을 쓰는 기법은 전례 없었던 경지로 간다.

앞서 Pergolesi의 La serva Pedrona를 언급할 때 opera buffa에 대해 설명한 바 있다. Jean Jacque Rousseau(1712-1778)가 이끄는 자연스럽다고 생각되는 opera buffa와 이태리, 불란서 오페라 seria를 좋아하는 불란서 음악가들의 논쟁 사이에서 enlightenment의 사상을 따르는 사람들의 승리로 오페라는 opera buffa가 대세를 이루는 방향으로 바뀐다.

중세부터 minstrel, trouvador 등이 즐겨 공연하던 희극은 18초에는 서커스처럼 낮은 계층의 사람들이 즐기던 오락에서 18세기 중간에서는 opera seria의 막간에 intermezzi로 짧은 희극을 삽입한 것으로 공연되더니 18세기 말에는 상업으로 부유해진 중상층의 사람들의 등장과 함께 희극과 비극의 차이도 없어지고 섞이며 opera buffa의 인기는 opera seria를 대신하게 된다. opera buffa의 알아듣기 쉬운 멜로디, 작은 규모의 배역들, 일상에서 만날 수 있는 인물들의 등장들이 새로운 중산층의 관객과 자연스러움을 강조하는 계몽주의 사상가와 예술가의 취향이 맞아 떨어진 것이다.

역사가 계속 바뀌어가고, 자신의 세계에 대한 표현이 중요해지고, 표현의 개념이 바뀌는 것이다. 물론 불란서 혁명이 일어나는 때의 역사적 배경도 있지만 사회적으로나 문화적으로 universal humanism이 유럽 전반에 흐르는 사상으로 바뀐다. 모든 사람이 중요하고, 모든 사람에게 좋은 것은 좋은 것이라는 생각이 사람들에게 자리 잡은 것이다.

예나 지금이나 가벼운 오페라나 musical 같은 알기 쉬운 멜로디, 보통 사람들의 이야기를 다룬 스토리는 주로 서민을 위한 오페라인 반면, opera seria처럼 상류 사회나 귀족을 위한 오페라들은 영웅이나 거창하고 과장된 인물을 다룬 이야기나 역사적인 내용을 다룬 스토리들로 구분되어 왔다. 지금도 브로드웨이 Musical 같은 것들은 주로 표를 팔아 운영하고, 상류사회 오페라들은 표도 팔지만 정부나 상류층들의 기부로 운영되어간다. 16세기 이태리의 서민을 위한 연극이었던 commedia dell'arte에 기초를 둔 opera buffa는 몇 개의 전형적인 인물들을 가지고 있다.

Dr. Bartolo와 같은 Pantalone 매일 많이 아는 척하다 꼬리가 잡히지만 온 Sevillia가 자기를 안다고 생각하는 인물,

Figaro처럼 자기는 원래 귀족 출신이라고 주장하며 민첩하고 꾀도 많고 교활한 Harlequin 타입,

Rosina처럼 예쁘고 날카로운 재치와 독한 말도 할 줄 아는 젊은 여자 Colombina 타입,

commedia dell'arte에서는 거드름 피우는 귀족, 박사, 의사, 변호사 등 상류 사회 사람들과 길거리 생존에 강한 똑똑한 하류층 사람들로 나뉘어 그들 관계 사이에서 생기는 comedy를 주로 다루고 있다. 사실상 이 character들은 슈만의 카니발이나 쇤베르그의 Pierrot Lunaire나 Stravinsky의 Petruchka에서도 볼 수 있듯이 현대까지 내려오고 있다.

Beaumarchais의 연극은 불란서 귀족에 대한 공격이었기에 Marriage of Figaro의 처음 공연되었을 때부터 오페라의 아리아를 부를 때 많은 앙코르 요청이 있어 나중엔 공연이 너무 길어지는 관계로 앙코르를 금지시켰지만 귀족이 많았던 비엔나에서는 상류사회가 그 반항적인 내용에 대해 불편을 느꼈는지 오랫동안 상영되지 못했다. 변방인 Prague에서는 대성공을 거두어 온 도시가 길 가는 소년도 Figaro를 부를 정도로 유명해져서 그들은 모차르트

에게 다음 오페라 Don Giovanni를 위촉한다.

모차르트는 Figaro의 결혼을 작곡하는 것을 6주 안에 끝낸다. 오페라 서곡은 초연되기 바로 전에 작곡한 것으로 알려져 있다. 전체 오페라의 흐름을 보고 거기에 맞는 sinfonia를 작곡하는 것은 Don Giovanni에서도 이루어졌다. 노래들은 미리 연습을 시작해야 하므로 먼저 작곡해야 했지만 오케스트라 서곡은 그 전날 완성해도 가능한 일이었다.

### 오페라 줄거리

이 희극은 Almaviva 백작의 집이 있는 세비야에서 그 집의 하인으로 있는 Figaro와 Susana가 결혼하는 날 하루 동안에 일어나는 이야기이다. 서곡이 끝나고 Almaviva 백작이 그들에게 쓰라고 준 Almaviva 백작 옆방에서 Figaro가 침대를 놓을 자리를 자로 재는 것으로 오페라 1막이 시작한다.

### 1막

Susanna는 자신이 만든 bonnet를 Figaro에게 보라고 자랑한다. Figaro가 바로 옆 방이라 얼마나 편리한가를 노래하는 동안 수잔나는 Figaro에게 어리석다고 부른다. 그리고 백작이 자기를 유혹하려 하기 때문에 그 방을 주었다고 설명해 준다. 지참금 또한 Figaro를 예뻐해서 준 게 아니라 자기를 유혹하는 대가로 줄려고 한다는 것을 말해준다. 둘은 서로 다른 가사를 부르며 이중창을 한다. Figaro는 여기서 백작에 대한 분노를 그에게 훈계하는 No.3 아리아를 부른다. "당신이 춤추고 싶으면 내가 tune을 부르는 대로 추어야 할 것"이라는… 이 아리아는 galliard 춤에 이어 두 박자의 춤 형식의 아리아로 계속된다.

곧 Dr. Bartolo와 그의 가정부인 Marcellina가 들어온다. Dr. Bartolo는 지난 번 세빌리아의 이발사에서 Figaro가 방해해서 자신이 Rosina와 결혼하지 못한 것에 대한 원한을 품고 있고, Marcellina는 Figaro에게 돈을 빌려준 상태에서 만약 그가 빚을 못 갚으면 자기와 결혼하기로 한 계약서를 가지고 있다. 그것을 결혼하는 날에 와서야 Bartolo에게 실토한다. 둘은 어떻게 해서라도 Figaro와 수잔나의 결혼을 막으려는 계략을 꾸민다. Bartolo는 유명한 La Vendetta(복수)를 부르고 퇴장한다. 이 복수의 아리아는 돈에도 인색하고, 구닥다리 인물을 묘사하기 위해 좀 더 옛 것인 opera seria에서 쓰는 아리아를 부르게 한다

갑자기 13세 먹은 Cherubino(영어로는 little cupid)가 등장한다. 그의 본명은 Don Cyon de Astorga로 나중에 나오는 Don Giovanni처럼 여자만 보면 사랑을 느끼고, 달아오르는 사춘기 소년으로 Beaumarchais가 자신의 소년기 상을 그린 인물이다. 이 역은 바지를 입혀 놓은 lyric soprano가 한다.

그의 유명한 아리아 "Non so piu"는 한순간 얼어붙었다 다음 순

간은 달아오르는 알 수 없는 사랑의 감정을 노래 부른다. 자면서도 사랑을 이야기하고, 울면서도 사랑을 이야기하는… 산이고 들이고 꽃이고, 백작 부인이든 수잔나이든 Barbarina든 한없는 사랑을 느끼는 자기의 감정을 주체할 수 없는 감정을 노래한다. 모차르트는 여기서 쉼표의 사용을 그가 숨을 헐떡거리는 것처럼 사용한다. 또한 모차르트의 레시타티브는 배우들이 연기해야 하는 시간들이다.

조금 후 백작이 등장하며 Cherubino가 의자 뒤로 숨는다. Cherubino가 방에 있는지 모르는 백작이 수잔나에게 정원에서 자기를 만나 시간을 가지면 돈을 주겠다고 유혹하려 한다. 조금 있다 Basilio(로지나의 음악 선생)이 들어온다. 백작이 뒤로 숨는 동안 그는 쓸데없는 소년을 애인으로 둘 게 아니라 돈 많은 백작이 더 낫다고 수잔나에게 이야기하며 그 소년이 백작 부인도 눈이 뚫어져라 쳐다보는 이야기를 들은 백작이 앞으로 나온다. 백작이 Barbarina 집에서 천 밑에 숨어 있던 Cherunino를 이야기하며 이번에도 의자 위에 천 밑에 숨어 있는 Cherubino를 발견한다.

잠시 후 Figaro가 마을 사람들과 들어와 자신의 주인이 초야권을 포기한 것이 얼마나 고귀한 일인가 하고 노래하며 신부의 머리에 하얀 베일을 씌워달라고 노래한다. 백작은 Cherubino를 벌주기 위해 자신의 군대로 멀리 officer로 갈 것을 명령한다. 1막의 finale는 Figaro가 훈계하는 아리아로 Cherunino에게 밤낮으로 여자들을 쫓아다니지 말고 군복을 입고 군인의 영광을 위해 가라고 노래 부른다.

이 아리아는 론도 형식을 가지고 있다. 뒤를 이어가는 행진곡은 이 오페라의 초연 후 지금까지도 영국의 Buckingham궁전의 호위병의 행진곡으로 아직도 사용하고 있다. 이 행진곡은 Don Giovanni 오페라에서도 다시 등장한다.

### 2막

영화 '쇼생크 탈출'에서 감옥의 죄수들에게 울려 퍼진 음악으로 더욱 유명해진 Rosina(아마도 17살 정도의 소녀)의 아리아 'Porgi, amor'(Grant me, Love)는 로시나의 'Dove sono'와 함께 느리고 아름다운 이 오페라의 중심이 되는 아리아다. 자신을 사랑하기보다는 정복하기 위해 결혼하고 나서는 백작은 다른 여자들을 계속 쫓아다니며 자기 부인이 된 로시나에게는 이젠 관심이 없다. 그러기에 로시아의 아리아는 한숨과 슬픔의 아리아다. 이 곡의 motive는 모차르트의 K. 337 Mass에 나오는 Agnus Dei와 비슷한 멜로디를 가지고 있으며 기도하는 듯 들린다.

백작 부인을 통해 백작으로부터 용서를 받아낼 궁리를 하고 나타난 Cherubino에게 Figaro는 케루비노를 여자로 변장을 해 수잔나로 분장해서 백작을 만나게 하려는 계획을 세운다. 백작이 사냥 간 사이 문을 잠그고 케루비노의 로지나에 대한 사랑 고백을 수잔나가 기타 반주로 노래한다. 모차르트는 이 아리아를 좋아했다고 한다.

수잔나, 로지나, 케루비노가 즐거운 시간을 가지고 있을 때 갑자기 백작이 일찍 귀가해 부인의 방문을 두드린다. 놀란 로지나는 케루비노를 옷 방에 숨기고 문을 잠근다. 빨리 문을 열지 않는 것으로 인해 부인을 의심한 백작은 옷방 문을 열라고 다그치지만 수잔나가 옷을 갈아입고 있다고 문을 안 열어준다. 화가 난 백작이 문을 부수겠다고 로시나를 데리고 방문을 잠궈놓고 나간다.

그 사이 침대 밑에 숨었던 수잔나는 나와서 케루비노를 불러내고 케루비노는 창문 밖으로 뛰어내려 탈출하고 수잔나는 자신이 옷장 속으로 들어간다. 연장을 가지고 돌아와 옷장을 부수려는 자기 남편에게 로지나는 자신의 결백을 주장하고 그 안에 케루비노가 있다고 이야기한다.

질투와 화로 범벅이 되어서 자기 부인에게 화를 퍼붓고 있을 때 수잔나가 옷장에서 나온다. 그리고 왜 그런 장면을 하고 있는지 영문을 알 수 없다는 표정을 한다. 그 안에 케루비노가 있는지 확인한 백작은 아무도 없기에 자기 부인에게 사과한다. 잠시 후 Figaro가 결혼식을 서둘러야 한다면서 들어온다. Basilio를 통해 백작에게 전달된 Figaro의 계략이 들어간 편지를 들고 백작이 Figaro에게 누가 이 편지를 썼느냐고 추궁하지만 Figaro는 모른다고 끝까지 부인한다. 조금 있다 수잔나의 삼촌이고 Barbarina의 아버지인 정원사 Antonio가 등장한다. 그리고 창문으로 온갖 것이 떨어지는 건 봤지만 이번엔 사람이 떨어진 것을 목격했다고 말하며 등장한다.

Figaro는 자기가 뛰어내렸다고 우긴다. Antonio가 정원에서 주은 케루비노의 위임장을 내밀었을 때 다행히 거기에 인장이 빠져있기에 자신에게 맡긴 거라고 둘러댄다. 조금 후 Dr. Bartolo, Marcellina, Basilio가 같이 등장한다. Marcellina는 자기가 Figaro와 결혼해야 한다고 하고 Basilio는 자신이 증인이라고 설명하고... 모두 자기 주장대로 설명하고 떠들며 이 앙상블로 2막이 끝난다.

이 2막의 finale가 영화 Amadeus에서 모차르트가 Joseph 황제에게 자랑한 대목이다. “황제 폐하 이 마지막 대화가 얼마나 연속적인 음악으로 지속되는지 아시겠어요?” 황제가 대답하기를 “육, 칠분쯤…” 모차르트의 대답이 “이십 분입니다.”

사실상 레시타티브 없이 앙상블만 가지고 이렇게 grand finale를 이끌어 갈 수 있었던 작곡가는 모차르트 이전엔 존재하지 않았다. 오로지 그가 위대한 심포니스트였고, 위대한 앙상블 작곡가이며 solo conccerto, solo aria의 위대한 작곡가였고 dramatist였기에 이것은 가능한 일이었고 이것은 다음에 온 모든 작곡가에게 모델이었고 닮고 싶은 최고의 교과서이다.

## 3막

3막은 처음 장면은 백작이 도대체 이 모든 것을 이해하기 힘들어 궁리하는 가운데 Susanna가 백작 부인과 세운 계략을 이행하기 위해 백작과 홀로 만나는 것으로 시작된다. 그리고 수잔나는 순순히 정원에서 그를 만날 것을 약속한다. 잠시 후 Don Curzio라는 판사가 Marcellina와 Dr. Bartolo와 등장해 Marcellina의 계약서를 보며 그녀가 Figaro와 결혼해야 한다는 판결을 내린다.

이를 부당하게 여긴 Figaro는 자기가 모르는 부모를 찾아 허락을 받아야 한다고 우긴다. 부모가 자기를 어떻게 잃었는지를 설명하던 중 팔에 있는 자신의 birth mark를 이야기하는 중 Marcellina는 Figaro가 자기와 Bartolo 사이에서 낳은 잃어버린 사생아 아들이라는 것을 알게 된다. 자기가 결혼하려고 했던 남자가 자신의 아들이라는 것을...

다음 장면은 Dove sono(지나간 날들이여! 어디로 갔는가)라며 로시나가 사랑 없는 결혼에 대한 슬픔을 노래한다. 곧이어 수잔나와 로지나가 지난번 계획했던 케루비노 대신 이번엔 수잔나와 로지나가 옷을 바꿔 입고 정원에서 백작을 만나는 계략을 세운다.

곧 이어 여자아이들이 백작 부인에게 꽃을 들고 경의를 표하는 예식 중에 Barbarino가 자기가 사랑하는 케루비노를 여자 애로 변장시켜 놓은 것을 Barbarino의 아버지인 Antonio가 가발을 벗겨버리고 색출해 낸다. 백작이 또 벌을 주려 할 때 Barbarino가 나서서 당신이 나를 애무하고 놀 때 내가 원하면 무엇이든지 주겠다고 하지 않았냐고 말하며 케루비노를 남편으로 달라고 애원한다.

분위기는 다시 경사의 축제로 바뀌고 그들은 double wedding을 하려 한다. 3막에 끝에 Fandango가 나올 때 Figaro는 백작이 수잔나로부터 받은 note의 seal로 쓰인 pin에 찔리는 모습을 본다. 3막은 Spanish ballet 음악과 동시에 ballroom dance로 끝난다.

### 4막

4막의 시작은 이 오페라의 유일한 단조의 Barbarina의 아리아로 시작한다. Susanna의 seal로 쓴 pin을 그녀에게 다시 가져다 줘야 하는 것을 Barbarina가 잃어버려 울고 있는 것을 Figaro가 발견한 것이다. 스토리를 들은 Figaro는 수잔나를 의심하고 동네 사람들을 모아 백작을 궁지에 몰아넣을 것을 계획한다.

4막은 오페라의 모든 인물이 등장하고 많은 액션이 동시다발적으로 일어난다. 자기의 부인을 수잔나로 착각한 백작은 온갖 사랑 표현을 늘어놓는다. 이것을 본 Figaro는 배신을 느껴 또 백작 부인으로 착각한 수잔나에게 사랑을 표현하기 시작했다 수잔나에게 얻어 맞는다.

이 광경을 본 백작이 자기 부인이 다른 남자와 사랑을 나누는 것으로 착각해 소동을 치지만 이 모든 게 위장된 연극이라는 것을 알고 자기 아내에게 용서를 구한다. 결국 이 오페라도 화해와 용서로 끝나며 마지막 finale는 온갖 액션이 빠르게 진행되는 앙상블로 끝난다.

### 모차르트의 앙상블 음악

역사학자 Donald Grout에 의하면 "대부분의 인물들의 생동감 있는 성격의 부여와 묘사는 solo aria보다는 앙상블에서 이루어졌다. 오페라의 반 이상이 앙상블로 이루어져 있다. 흔히 opera buffa에서 보는 것과는 달리 이 기술이 사람마다 세부적인 리듬의 변화, 다른 종류의 반주, 화성, 아니면 음의 영역들도 달리해가며 게다가 아무 거스름 없이 너무 자연스럽게 전개해 나가는 것이다. 이런 일은 모차르트 전에도 없었고 그 후에도 그것에 맞먹는 작곡가는 나오지 않았다. 모든 요소들은 심포니에서처럼 한데 어우러져 grand finale를 이룬다."

### 모차르트와 dance music

우리는 많은 바로크 오페라 아리아들이 dance music이라는 것을 헨델의 오페라를 통해서도 보아왔다. 모차르트의 오페라 아리아들도 춤의 형식을 지닌 것들이 많다. 모차르트는 그의 편지들에서도 볼 수 있듯이 본인도 춤을 잘 추었으며 자신의 집에서도 masked ball을 자주 열고는 했다. 어떤 편지에서는 무도회를 저녁 6시에 시작해 다음 날 아침 7시에나 돼서 끝나는 무도회를 열었다. 그는 carnaval season에 가면무도회를 가는 것을 빠지지 않았고 상류사회 사람들과 어울렸다. 그의 춤 선생은 Paris ballet의 유명한 발레리노 Vestris였으며 그의 오페라에는 많은 dance 장면들이 나온다. 귀족들을 위한 minuet, 서민을 위한 contredance, 스페인 Fandango 등... 그는 수많은 춤곡을 작곡했다.

## 모차르트에 대한 음악가들의 의견

Charles Rosen에 의하면 모차르트는 그의 오페라 안에서의 classic style의 key의 구조를 드라마로 전개해 어떤 때는 많은 부분이 sonata form을 닮아 긴장을 고조시켰다 다시 유연하게 하곤 했다.

브람스는 "Figaro 안에 모든 number들이 내겐 기적처럼 보인다. 어떻게 인간이 이렇게 완전한 것이 있을 수 있느냐는 도저히 헤아리기 어렵다. 이런 것은 그 후 어느 인간도 해낼 수 없는 일이다. 베토벤마저도..."

로시니의 말을 빌리면 "독일 사람들은 언제나 위대한 harmonist였고 이태리 사람들은 위대한 melodist였지만 모차르트의 등장과 함께 우리 남쪽은 완전히 지고 말았다. 그 안에 모든 것을 뛰어넘는 universality가 있고 모든 심오함과 깊이가 다 들어 있기 때문이다. 그는 그의 천재성만큼이나 지식도 다 가지고 있을 뿐 아니라 그 지식은 천재적이다."

# 돈 조반니
## Don Giovanni
### (1787년 10월 29일 Prague 초연)

모차르트가 Figaro의 결혼이 1786년 말 프라하에서 초연된 후 1787년 1월 프라하를 들렀을 때는 온 도시가 Figaro 열풍에 싸여 있었다. 맥주 파는 집에 들러도 하프 연주자가 Figaro tune을 연주하고 dance-band들도 모두 Figaro 멜로디를 연주하고 배달하는 소년도 Figaro를 휘파람으로 불고 있었다. Pasquale Bondini 오페라단은 그들의 힘든 재정 상태를 'Figaro의 결혼' 덕에 헤어 나올 수 있었다. 모차르트는 프라하 시민의 사랑의 보답으로 Prague symphony No.38을 1787년 1월 프라하에서 초연한다.

모차르트가 2월 프라하를 떠날 때는 주머니에 1000 gulden(그가 Abduction from Seraglio를 Vienna theatre를 위해 썼을 때는 100 ducat밖에 받지 못했다)이 있었고 프라하 오페라 극장 감독 Bondini와 Dominico Guardasoni로부터 또 하나의 buffa 오페라가 같은 해 가을에 공연하도록 commission을 받은 상태였다.

어떻게 모차르트가 Don Juan의 주제를 가지고 오페라를 선택하게 됐을지 여러 가지가 우연으로만 볼 수 없는 요소들이 많다. 더군다나 돈 조반니는 Rossini, Gounod, Wagner가 '오페라 중의 오페라로, 최고의 오페라' 로 보는 오페라이다.

괴테 또한 이 saga, Don Juan 전설은 모차르트만이 훌륭한 오페라를 만들 수 있다고 믿었고 모차르트의 Don Juan은 다른 예술작품들마저도 통틀어 가장 유명한 Don Juan이다. 괴테는 어떻게 인간이 이런 작품을 만들어 낼 수 있을까 하며 의아해 했다. 아마도 어떤 demonic power에 홀려 단숨에 써내려갔을 것이라고 추정했다. 그가 조금만 오래 살았다면 아마도 파우스트도 훌륭한 오페라로 만들어졌으리라고 괴테는 믿어 의심치 않았다. 키에르케고르 역시 음악만이, 오로지 모차르트만이 Don Juan의 sensousness(관능적인 면)한 면을 그렇게 만들어 낼 수 있다고 믿었다. 오페라의 리브레토 선정에 있어서도 어떤 때는 100개 이상의 리브레토를 뒤져 보는 모차르트였기에 여러 가지 그가 보아 온 경험이 이 선정에 있어 영향을 주었으리라고 생각된다.

그가 파리에서 본 Gluck의 pantomime 발레 Don Juan은 모차르트 오페라에서 ballroom 장면에서 그와 비슷한 ballet 음악을 가져다 쓴다. 스페인 dance Fandango는 멜로디도 Gluck의 것과 비슷하다. 괴테가 로마로 여행했을 때 이야기 속에 "이 지칠 줄 모르는 성욕의 소유자, 상류 사회 사람들이 보기엔 천한 돈 완의 이야기에 이태리 사람들이 밤마다 극장을 메우는 것을 보고 괴테가 놀랐다"고 한다. 이 이야기의 원작은 전설을 바탕으로 한 소설 같은  무모한, 여자를 끊임없이 정복해야 하는 hedonist의 이야기로 17세기 스페인 연극에 나오는 인물로 The trickster of Seville and the Stone guest란 제목의 Tirso de Molina(1568-1648)의 작품이다. 그는 유명한 수도승이었다.

또 하나의 유명한 Don Juan 스토리 중 불란서 유명한 극작가 Moliere의 Don Juan(1665)이 있다. 그의 극본에 모차르트가 가져다 쓴 Donna Elvira와 돈 조반니의 먹이가 된 Zerlina가 탄생한다. 히스테릭하며, Don Giovanni에게 정조를 잃은 후 그를 끊임없이 추적하는, 수녀원에 있을 때 돈 조반니를 만난 후 사랑에 꽂힌 후 배신감으로 끝까지 그를 추적해야 하는 여자, Moliere는 그녀를 깡마르고 대단한 미인은 아닌 여자로 그렸다. Donna Elvira는 Don Giovani가 불길에 싸여 지옥으로 떨어진 후 자신은 수녀원으로 들어가는 여주인공 중 하나다.

세 번째로 이태리 극작가 Carlo Goldoni (1707-1793)의 Don

Giovanni Tenorio가 있다(1736). 그가 Tirso de Molina의 Don Juan과 Giovanni Battista Andreini 와 Moliere의 돈 완의 스토리를 혼합하고 채택한 것이 나중에 Da Ponte가 가져다 쓸 때 중간 역할을 했다.

돈 조반니는 drama giccoso로 직역을 하면 drama with jokes(조크를 지닌 연극)란 뜻으로 심각한 요소들을 가진 놀이, 다시 말하면 비극과 buffa가 같이 섞인 것을 의미한다. 사실상 Goldoni는 이 genre를 가장 발달시킨 극작가이다. 바로크 시대에는 오페라 seria가 대세를 이루던 오페라가 1750년 후부터는 opera buffa가 주로 유행하다, opera buffa는 가벼워서 품위가 없는 듯 느껴지고 seria는 가볍고 즐거운 재미가 없다고 느꼈기에 희극과 심각한 것을 같이 섞는 것이 대세를 이루기 시작했고 18세기 말쯤 와서는 희극과 비극 사이에 별 구분이 없어지기 시작했다.

사실상 나중에 오는 비제의 '카르멘' 역시 opera comique이라고 불리운다. 오페라의 끝이 비극적이지만 오페라 중간에 말로 하는 대사가 있고 주인공들이 상류 사회 사람들이 아니기에 그렇게 부른 것 같다. 다시 말하자면 희극과 비극이 같이 섞인 대본을 유행하게 만드는데 처음 크게 기여한 사람이 Goldoni다. 그는 Metastasio 다음에 온 제일 유명한 극작가이자 리브레토 작가였다.

모차르트의 돈 조반니에서도 Donna Anna, Don Ottavio는 opera seria에서 나오는 역에 해당한다. Donna Elvira는 serious하고 comic한 것을 섞어 놓은 인물에 해당하고 Leperello, Masetto, Zerlina는 buffa 인물에 해당한다.

모차르트가 프라하를 방문했을 때 극장장 Guardasoni가 그에게 건네준 리브레토는 Berati의 Don Giovanni와 stoned guest였다. 프라하의 오페라단은 단원이 몇 안 되는 작은 오페라단이었다. 대부분의 단원들은 그의 Figaro에서도 노래 부른 단원들이었다. Don Ottavio를 부른 테너 Antonio Baglioni는 베니스에 있는 San Moise극장에서 1787 2월 Gazzaniga가 작곡하고 Bertati가 리브레토를 쓴 '돈 조반니와 stoned guest'공연을 마친 후였다.

그가 가져 온 리브레토를 통해 Da Ponte가 이것을 전해 받을 수 있었고 이것을 모델로 작업을 시작할 수 있었을 것 같다. 이것은 1막 짜리 드라마였기에 Da Ponte가 1막의 마지막과 2막의 처음 반 정도를 더했다. 그리고 Donna Anna의 인물을 더 재미있게 끝까지 등장하도록 그려 놓았기에  전체를 관장하는 중요한 인물로 만들어 놓았다. Da Ponte가 Martin Y Soler의 L'arbore di Diana와 Salieri의 Axur의 리브레토를 동시에 써야 할 임무가 없었다면 좀 더 좋은 리브레토를 썼을지 모르겠다. 그가 쓴 다른 모차르트 리브레토보다는 약하다는 견해가 있다.

자기 자신이 유명한 womanizer(Venice에서도 신부의 신분으로 결혼한 여자들과 애까지 낳은 스캔들로 추방 당했음)였고 시대의 유명한 womanizer, Casanova와도 친분이 있는 사이였기에 Don Giovanni의 이야기는 그를 통해 실감나게 그려졌을 것 같다. 연주 전에 Casanova가 연습하는데 들러 여러 가지 조언도 해준 것으로 알려졌다. 어쨌든 그는 이 리브레토를 63일 만에 끝냈다. 앞에서 이야기한 다른 돈 조반니 극본들을 그는 최대한 활용할 수 있었다.

비엔나의 귀족들은 오페라 'Figaro의 결혼'의 혁명적인 내용이 자기들에 대한 이야기이기에 불편해 했고 모차르트가 그들을 즐겁게 해줄 음악을 써주기를 바랐을 뿐 그의 음악이 pathos가 있는 훨씬 personal touch가 있는 작품들을 쓰기 시작했을 때는 그에게서 등을 돌리기 시작했다.

Figaro와 돈 조반니가 프라하에서 대성공을 이룬 것과 다르게 비엔나 청중은 모차르트의 음악이 자기들에게는 너무 길고 복잡하고 어렵고, 전문가나 이해할 수 있는 음악이라고 생각했다. Joseph 2세 황제가 자기들 이빨엔 좀 안 맞는 고기 같다고 평했을 때 모차르트가 대답하기를 "좀 더 씹을 시간을 가져야 한다"고 이야기했다.

이 작품은 모차르트가 아직 살아 있을 때 독일의 다른 도시들 Frankfurt, Munich, Bonn, Mannheim, Hamburg, Graz, Bruno 등 유럽의 다른 도시들에서도 공연됐다. 모차르트는 Vienna에서 자기의 위치가 Salieri나, Martin Y Soler 같은 성공은 가져오지 못하였기에 Haydn처럼 자기 제자 Thomas Attwood와 같이 런던으로

가 볼 생각도 한다.

사실상 모차르트는 Don Giovanni를 쓴 전후를 기해서 끊임없이 위대한 작품들을 쏟아낸다. 모든 복잡한 인간의 감성과, 환희와 longing, 슬픔, 공포, 여러 형태의 윤곽과 색채로 뒤범벅이 된 아름다움, 그러나 그의 해박한 지식을 통해 선명하게... 1787년은 그의 위대한 걸작 viola quintet들이 나오는 해이기도 하다. 그의 사랑받는 g min sym No.40과 Jupiter sym No.41은 이듬해 작곡되었다.

모차르트가 바하의 작품들을 통해 얻은 fuga의 깊이 있는 기술도 그의 작품들 속에 완전히 스며들어 있다. 그가 오페라를 통해 얻은 다양한 색채와 모양이 그의 심포니의 발전부를 더 찬란하게 만들었으며, 그가 기악곡들을 쓰며 완성한 형식들은 그의 오페라 앙상블과 흐름을 훨씬 compact하게 만들었다.

모차르트는 돈 조반니 서곡을 초연 전날 썼다고 한다. 모차르트의 아내 Constanza의 말에 의하면 모차르트가 피곤해 잠든 것을 좀 더 내버려두다 깨운 후 다음날 아침 사본하는 사람에게 전해진 악보는 채 마르기도 전에 오케스트라 단원들에게 전해졌다고 한다. 성악 파트는 그들이 연습할 시간이 필요하니까 미리 썼지만 모차르트는 오페라 전체 윤곽을 안 후 overture을 작곡하고는 했다.

특히 돈 조반니 overture는 곡의 2막의 후반에 나오는 죽은 commander의 동상이 등장하면서 어둡고, 음침한, 공포를 느끼게 하는 음악을 쓴 장면을 서곡에 시작부터 가져다 쓴다. 오페라는 처음부터 supernatural한 힘과, 죽음과 삶이 부딪치는 괴이한 감정을 느끼게 하는 음악으로 시작된다. 느린 부분이 끝나고 시작하는 allegro부터는 sonata form으로 쓰여져 있다.

테마1은 Don Giovanni 테마로 밝고, 올라가는 음들을 쓴 테마로 그의 자신 있고, 높은 신분의 거리낌 없고 양심의 가책도 없는 행동을 보여주는 듯한 밝은 기분의 테마를 사용한다. 테마2는 Leporello의 테마로 내려오는 음들 뒤에 닭 꼬리가 붙은 것 같은 음악을 사용한다. 겁 많고, 죄책감을 느끼는 듯한 테마 2와 밝은 테마 1의 음악은 Robert Greenberg의 말을 인용하면 둘을 합쳐 하나의 인간이 되는... Don Giovanni가 id라면 Leporello는 super-ego로 돈 조반니의 억제되지 않는 욕구를 양심을 가지고 쳐다보는 Leporello의 관계이다.

Michael P. Steinberg는 돈 조반의 욕구를 Hapsburg 제국의 가톨릭 교회와 바로크 교회를 파괴하고 싶은 욕구로 보았다. 어떻게 보면 성에 대한 욕구 대신 권력이나, 돈에 대한 끊임없는 욕구로 성욕 대신에 보는 것도 드라마를 다른 각도로 이해하는 데 도움이 될 것 같다.

키에르케고르는 돈 조반니를 인물이 아닌 하나의 개념(idea)으로 보았다. 돈 조반니의 생명력이 다른 사람에게도 생명력을 불러 일으키는, 즉 에너지이자 life로 본 것이다. 다른 주인공들의 생존의 중심에 Don Giovanni가 자리 잡고 있다. Don Giovanni의 열정이 온 곳에 퍼지고, Elvira에게는 분노를, Donna Anna에게는 증오를, Commandor에게는 엄숙함을, Zerlina에게는 불안을, Masetto에게는 씁쓸함을, Don Ottavio에게는 과장된 거드름 피우는 듯한 성격을 주지만 Don Giovanni가 사라지자 모든 극중 인물들은 힘을 잃고 부수적인(secondary) 인물로 전락한다.

또 다른 특징 중 하나가 Don Giovani의 solo aria가 아주 적다는 것이다. 그의 존재는 다른 사람과의 관계 안에서 더욱 더 성격이 뚜렷이 나타난다. 그리고 이 오페라도 반 이상은 앙상블이다. 서곡을 이루는 소나타 형식은 곡 자체로 혼자 서있을 수 있는 심포니와는 다르게 진행되기에 반복은 없고 발전부 후 재현부로 돌아왔을 때 곧 바로 Leporello의 아리아로 들어가야 한다. 그 때문에 cadence는 쓰지 않는다.

처음 아리아는 Leporello의 아리아로 매일 자기 주인이 여자와 노는 동안 밖에서 추운 데서 제대로 잠도 못 자고 쪽 잠을 자야 하고 제대로 먹지 못하는 자기 신세타령을 하는 아리아이다. 자기도 gentleman이 되고 싶은 마음이다.

조금 후 Donna Anna와 Don Giovanni가 등장한다. Don Giovanni는 가면을 쓰고 있다. Donna Anna는 "나를 죽이지 않는 한 넌

절대로 못 도망간다"고 외친다. Don Giovanni는 "쓸데없이 소리 지르지 마! 내가 누군지 넌 결코 알 수 없을 거야." 라고 말한다. 이 수수께끼의 대화는 처음부터 Don Giovanni에 대한 수수께끼를 이야기하는 듯하다.

Joseph Kerman이 이야기하길 이 오페라의 초반에 대해선 어떤 칭찬도 그 가치에 대해서 묘사가 지나칠 수 없다. 처음부터 3가지 요소가 머릿속에 박혀 잊혀질 수 없게 일어난다. 폭력, 열정, 민첩함; Leporello로 인한 코미디 같은 요소; 달이 비치는 밤에 일어난 commander의 죽음과 희한하게 아름다운 모차르트의 음악이 앞으로 전개될 오페라를 이야기한다.

처음 Donna Anna가 등장할 때 오페라 감독마다 어떻게 연출할 것인지에 대해 생각을 달리하고 있다. 어떤 감독은 Donna Anna가 반나체의 몸으로 뛰쳐 나오는 장면이 있는가 하면, 거의 벌거벗다시피 하고 나오는 오페라가 있고 전부 옷을 입은 연출도 있다. Donna Anna가 Don Giovanni 충격에서 헤어나지 못하기에 후에 Don Ottavia가 다시 빨리 결혼하자고 할 때 또 1년을 미루자고 한다. 어떤 감독은 그녀가 Don Giovanni의 마력으로부터 헤어나지 못하는 것으로 해석한다. 그의 약혼자 Don Ottavia는 가족간 정략 결혼할 인물로 매력없는 아주 무능한, 쓸모없는 남자로 그려져 있다.

모차르트가 Donna Anna나 Donna Elvira를 그릴 때는 opera

seria를 썼고 어떤 Donna Elvira의 아리아는 헨델을 parody한 듯한 seria 음악을 썼다. 춤에 있어서도 세 사람의 귀족이 등장했을 때는 귀족의 춤인 minuet을 썼고 평민들을 위해선 contredance나 german dance 음악을 썼다.

1막의 후반에서 ballroom 장면에 모차르트가 3개의 다른 오케스트라를 쓰며 3개의 다른 리듬에 맞추어 춤을 추게 하는 것은 명장면이다. 사실상 남쪽 독일에서는 가면무도회 때 이러한 장면들이 연출되었다고 한다. 춤과 가면무도회를 즐겼던 모차르트였기에 이러한 장면을 연출하는 것은 자연스러운 일이었을 것이다.

돈 조반니가 모든 사람을 자기 궁전으로 초대해 실컷 먹고 마시라고 했을 때 Donna Anna와 Don Ottavia는 귀족의 춤인 미뉴엣을 추고 있고, 돈 조반니와 Zerlina는 평민 dance인 contredance(영국 country dance로 당시에 유행하던 춤), 레퍼렐로가 마제또를 유인해 정신없게 만들려고 할 때는 german dance(빠른 왈츠 같은 평민 춤)를 춘다. 이 춤이 3개의 오케스트라로 3개의 다른 리듬으로 동시에 일어난다. 사실상 당시 무도회에서 자주 볼 수 있는 풍경이라고 한다.

Albert Camus는 그의 'Sisyphus의 신화' 책에 나오는 Don Juanism에서 Don Giovanni는 자기가 계속 이 욕구를 반복해야 한다는 것을 안다고 설명하고 있다. 그의 결과가 형벌이 아니라 필연적인 결말이라는 것을 알면서도 계속하는 것이다. 우리가 아는 오페라에 나오는 인물 중 그 외엔 Carmen만이 자신의 종말을 알면서도 죽음의 종말을 맞을 때까지 질주하는 것을 본다. Freud의 death wish 본능처럼...

처음 오페라를 5 part로 나누어 구체적으로 살펴보자. Leporello의 buffa 아리아 후 part 2는 Donna Anna와 Don Giovanni와 Leporello의 trio로 구성되어 있으며 Donna Anna가 Don Giovanni의 가면을 벗기려고 소음이 들리며 Leporello는 숨는다. part 3에서는 소음 때문에 깨어난 Donna Anna의 아버지인 Commander(지금의 경찰 국장)가 밖으로 나오며 Anna는 집안으로 들어가고 Don Giovanni와 Leporello와의 trio로 이어진다.

Don Giovanni는 나이든 사람의 결투를 받아들일 수 없다고 하지만 그가 칼을 빼들라 하기에 싸움이 벌어지고 음악은 diminished 7th chord로 끝난다. commander가 칼에 맞아 죽어가는 동안 오케스트라는 계속 내려오는 chromatic scale을 연주한다. 잠시 후 다시 seco recitative로 Leporello가 누가 죽었냐고 묻는다. 노인이냐, 너냐? 일종의 comic한 대화이다.

순식간에 코미디에서 액션, 비극, 다시 코미디로 돌아오는 장면들을 막힘없이 연출해 내는 오페라의 시작의 음악이다. Don Giovanni는 생각할 틈도 후회할 틈도 없다. 숨 쉴 틈도 없이 시작한 이 오페라는 이 오페라가 얼마나 dramatic하게 흘러갈 것인지를 예고하고 있다. commander가 쓰러진 것을 목격한 Donna Anna와 Don Ottavia는 그의 아버지의 죽음을 복수하겠다는 맹세의 아리아를 부른다.

다시 여자 사냥에 나선 Don Giovanni는 아름다운 여인을 만나기로 약속했다고 하고, 곧 Don Giovanni는 여자의 냄새를 맡는다고 한다. 어떤 여인이 자기를 버리고 간 연인에 대해 저주를 퍼붓고 있는 것을 본다. 이것이 Donna Elvira의 hysterical한 seria aria이다. Don Giovanni는 불쌍하다고 생각하며 그녀에게 다가간다. 아니나 다를까, 그 여인이 자기 부인인 걸 보고 놀란다. 그리고 Leporello에게 그녀에게 모든 상황에 대해 잘 설명하라고 하고 자신은 잽싸게 도망친다. 여기서 나오는 아리아가 유명한 catalogue aria로 Leporello가 부르는 Don Giovanni가 정복한 2066명의 여인들에 대한 아리아이다. 즐거운 멜로디에 부친 온갖 여인 이야기는 정말로 기발하다.

그곳에서 도망쳐 나온 Don Giovanni는 시골 결혼식에 아름다운 아가씨들과 사람들이 모인 곳으로 온다. 거기서 다시 오늘 결혼식을 올리려고 한 Zerlina를 보고 그녀를 유혹하려 한다. 여러 가지 경쾌한 folk풍의 음악이 계속되고 Don Giovanni는 Leporello에게 그녀의 신랑 Masetto를 떼어놓고 계속 즐겁게 해주고 있으라 하고 자신이 Zerlina를 유혹하려고 하는 찰나 Donna Elvira가 나타나 저 남자에게 속지 말라는 아리아를 부른다. 이 No.8 아리아가 헨델의 opera seria aria를 parody한 듯한 아리아다.

다음으로 Donna Anna와 Don Ottavia가 등장하며 돈 조반니에게 도움을 청한다. Elvira가 돈 조반니는 믿지 못할 사람이라며 네 사람은 사중창을 한 후 Elvira를 따라나가려 하며 돈 조반니가 작별 인사를 하는 순간 Donna Anna는 그가 자기 아버지를 죽인 인물이라는 걸 깨닫게 된다. Donna Anna와 그 약혼자는 다시 굳은 맹세를 하고 돈 조반니의 짧고 경쾌한 아리아 후 Zerlina가 Batti, Batti, o bel Masetto(나를 때리세요, 하며 사과하는)라는 아름다운 buffat aria를 부르고 dancing scene들과 중창과 합창이 있는 1막의 finale로 이어진다.

finale 중간에 나오는 Donna Anna와, Don Ottavia, Elvira가 함께 부르는 3중창 중 갑자기 종교 음악을 연상하게 하는 엄숙한, 아름다운(Proteggga, il giusto cielo) "돈 조반니에게 정의를 실현할 수 있게 하늘이여 도와주소서"라는 중창이 등장한다. 다시 dancing scene, 이번엔 3쌍의 dancer들이 3개의 다른 오케스트라에다 다른 종류의 리듬에 맞추어 춤춘다. 돈 조반니가 Zerlina를 방으로 데리고 들어간 후 Zerlina의 비명이 들린 후 밖으로 나온다. 모두 돈 조반니를 위협하자 그는 마치 자기 하인이 일을 저지른 것처럼 위장하고 등장한다. 전부 당황하며 돈 조반니가 배신자라고 합창하며 1막이 우렁차게 끝난다.

2막의 시작은 돈 조반니가 자기가 Donna Elvira의 하녀를 유혹하고 싶으니 Leporello에게 옷을 바꿔 입을 것을 제안한다. 이 장면은 Moliere의 연극에도 등장하고 다른 극작가도 가져다 썼다. 돈 조반니가 하녀에게 세레나데를 부른 것을 Donna Elvira가 자기에게 부른 것으로 알고 정원으로 내려온다. Leporello는 하는 수 없이 다른 쪽으로 그녀를 이끈다. Don이 하인의 옷을 입고 mandolin 반주로 노래한다. 그리고는 Masetto와 그의 일행이 돈 조반니를 잡으러 들어온다. 돈 조반니는 하인인 척하며 같이 맞장구치며 일행들을 보고 양쪽으로 나눠가서 모자 쓴 Don을 잡으라고 유인하고, Masetto에게서 총을 뺏고 때려눕히고 도망간다. Zerlina가 Masetto의 신음 소리를 듣고 들어와 아름다운 사랑의 아리아를 부른다.

commander가 살던 정원으로 Elvira와 위장한 Leporello가 들어오고 조금 후 Donna Anna와 Don Ottavia가 들어온다. 그리고는 Zerlina와 Masetto도 들어온다. 그들은 돈 조반니로 가장한 Leporello를 보고 그를 죽여야 한다고 노래한다. Donna Elvira는 자기의 남편을 용서해 달라고 노래한다. 여기서 자기의 옷을 벗어 던지며 용서를 구하는 Leporello의 노래도 내려오는 chromatic scale이다. 모두 놀란 사이 Leporello는 잽싸게 도망친다.

다음 장면은 새벽 2시, Don Giovanni와 Leporello가 묘지에서 commander를 만나는 장면이다. 돈 조반니가 레퍼렐로에게 묘비에 뭐라고 쓰여 있는지 읽으라고 한다. 레퍼렐로가 읽기를 묘비에 "배신자에게서 넘어져 여기 내가 복수하기를 기다리고 있다"라고 읽는다. 레퍼렐로는 두려움에 떨고 있다. 돈 조반니가 동상에게 저녁을 같이하기를 초대한다. 조금 후 Donna Anna와 오타비오의 아름다운 사랑의 아리아로 이어진다. 마지막 finale 23분 동안 이어지는 대단한 grand finale이다.

commander가 등장할 때는 모든 12개의 음이 chromatic하게 쓰여진다. 12 음계의 등장은 Schoenberg의 new school까지 기다리지 않아도 된다. Don Giovanni가 멋있게 차려진 저녁상으로 저녁을 즐긴다. 여기서 아주 재미있는 음악의 parody가 시작된다. 처음 나오는 tune은 1786에 히트(hit) 친 Martin Y Soler의 Una cosa Rara의 O Quanto un si bel giubilo tune이다. 다음 나오는 것은 모차르트가 좋아한 Sarti의 Fra I due litigano라는 tune으로 오페라 Come un agnello에서 나오는 멜로디다. 둘이 다투면 세 번째 사람은 즐긴다는 뜻이다. 'going like a lamb to the slaughter'. 다음 tune은 모차르트의 Figaro의 결혼에 나오는 'Non piu Andrai' 로 Figaro가 부르는 노래다.

다음은 Donna Elvira가 와서 자기가 전부 용서해 줄 테니 돈 조반니에게 회개하라고 한다. 조금 후 엘비라가 나가려다 동상을 보고 비명을 지른다. 다시 레퍼렐로도 문으로 향했다가 비명을 지른다. 그리곤 노크 소리가 들린다. 레퍼렐로에게 문을 열라고 하지만 겁에 질려 문을 열지 못한다.

돈 조반니가 문을 연 후 오페라의 scene 15, 유명한 오페라 처음에 서곡과 비슷한 기이한 음악이 들리며 죽었던 commander의 동상이 나타나며 네가 저녁 만찬에 초대해서 왔노라고 한다. 이 음악은 죽음을 상징하는 chromatic scale과 공포를 자아내는 syncopated 리듬으로 구성되어 있다.

돈 조반니가 무엇을 먹겠냐고 물으니까 자기는 인간이 먹는 음식은 먹지 않는다고 대답한다. 그리고 돈 조반니도 자기의 저녁 초대에 응하겠느냐고 묻는다. 레퍼렐로가 안간다고 대답하라고 하나 자기는 비겁한 사람이 아니니 간다고 대답한다. commander가 손을 달라고 한다. 돈 조반니가 이 써늘함이 무엇이냐고 묻자, 자기의 죄를 회개하라고 한다. 돈 조반니는 절대로 회개하지 않겠다고 한다. 서로 실랑이를 버리다 돈 조반니는 commander의 손에 끌려 불길로 들어간다.

그리고 마지막 살아남은 사람들의 6중주가 시작된다. 돈 조반니가 지옥으로 들어간 후 각자 자신의 미래 계획에 대해 이야기한다. Donna Anna와 Don Ottavia는 결혼을 1년 뒤로 미루고 Donna Elvira는 수녀원으로 돌아갈 생각을 한다. Zerlina와 Masetto는 같이 저녁 먹을 생각을 하고 Leporello는 주막에 가서 다른 주인을 찾을 생각을 한다.

이 마지막 23분의 끊이지 않는 ensemble을 통해 모든 종류의 music style과 각자의 개성에 맞는 테마의 요소와 어떤 때는 duet으로 아니면 혼자, 마지막은 합창으로 끝까지 climax로 이끌어 간다. 바로크 시대에는 간단한 레시타티브로 action을 이끌어 가던 것을 모차르트는 기가 막힌 앙상블과 가득 찬 오케스트라 소리와 함께 이 템포의 변화를 이끌어내는 것이다. 이러한 기술은 모차르트 전에도 모차르트 다음에도 다시는 일어나지 않았다.

유명한 음악 학자 Donald Grout에 의하면 "그의 ensemble finale는 모든 액션의 대사들이 한꺼번에 모여서 점점 더 줄거리의 climax로 몰아가는 것이다. 모든 주인공들이 등장하고, 혼자 아니면 사람의 수가 변화하면서 계속 사람 수가 늘며 흥분도 고조된다." 모차르트는 당시 opera buffa의 양식을 따랐지만 그가 다른 당시의 이태리 작곡가와 다른 점은 그들은 소동과 분주함으로 모든 웃기는 면들을 동원했지만 모차르트는 절대로 개개인의 개성을 잃지 않게 했으며, 훨씬 더 통찰력 있는 날카로운 humor를 가지고 있었고 comedy 안에 신중함을 내포하고 있다. 그렇기에 훨씬 symphonic하다. 모차르트의 finale는 몇 개의 악장을 담은 성악과 오케스트라를 함께하는 작품인 것이다. 전체를 바라보는 계획 안에서 생긴 템포의 변화와 key 관계 속에서 주역과 조역의 관계가 심포니에서 보듯 음악적인 요소로 발전시킨다.

Grout 오페라 역사 책 p.318 에 나오는 Figaro나 Cosi fan Tutte

의 key plan을 살펴보는 것은 흥미로운 일이다.

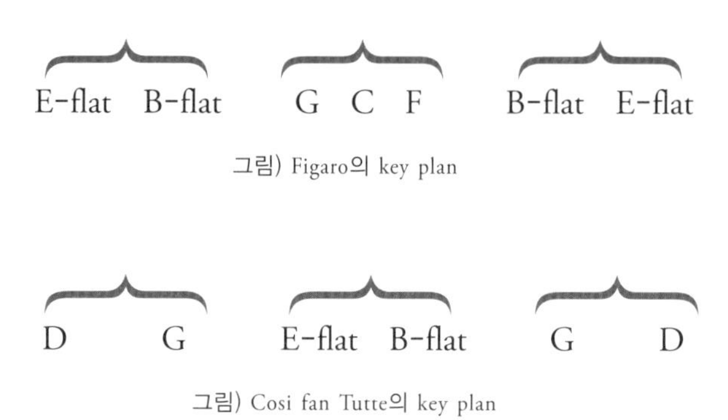


그림) Figaro의 key plan

그림) Cosi fan Tutte의 key plan

가끔 Orpheo의 끝이나 Hamlet 끝이 죽는 것으로 끝나기에 내용이 약하다는 비판을 받아온 적이 있다. 사실상 어떤 공연에서는 Mahler가 돈 조반니 공연을 했을 때도 끝의 합창 부분을 생략했다고 한다. 1900년대 말에는 이것이 유행했다고 한다. 모차르트도 합창을 나중에 넣었다고 한다. 어쨌든 이것은 모차르트의 original 작품이었기에 조금 도덕적 ending이지만 그대로 연주되는 것이 상용이다. 돈 조반니 스토리에 대한 해석은 수많은 소설가, 철학자들이 시대마다 재해석해왔다. 그러나 음악의 특성상 이 genre만이 여러 가지 면을 동시에 표현할 수 있는 예술이기에 우리는 모차르트의 돈 조반니가 있기에 행운이다.

# 코지 판 투테
## Cosi fan Tutte
(1790년 1월 26일 Vienna 초연)

모차르트의 가장 자서전적인 이 오페라는 1900년대에는 리브레토가 쓰레기 같다고 외면을 받아온 오페라이다. 모차르트의 음악은 훌륭한데 리브레토가 좋지 않다고 내용을 완전히 바꾼 것만도 여러 개가 된다. 여러 나라마다 다른 제목을 부친 것도 수두룩하다.

Who won the bet?(누가 내기를 이겼는가) Girl's Revenge(여자들의 복수) Tit for Tat 등 여러 가지가 있다. 20세기에 와서는 original title인 'School for Lovers'(연인들을 위한 학교) 'Cosi fan Tutte'(여자는 다 그래)로 그냥 쓰인다.

Lorenzo Da Ponte가 쓴 이 리브레토는 모차르트와 협업한 3개의 리브레토 중 가장 잘 쓴 리브레토로 평가한다. 내용 자체가 wife를 바꾸는 내용이라 romanticist들에게는 불편한 내용이었을 것 같다. 그러나 그 당시에도 왕가에서 그와 비슷한 일이 일어났다고 한다. 역사적으로 올라가서도 그러한 비슷한 내용의 소설들 Aristo의 Orlando furiso나 Bocaccio의 Decameron, Ovid의 Metamorphoses 안에서 찾아볼 수 있다. 원래는 Joseph 황제가 위촉한 것으로 알려져 있었으나 요즘 와서는 그 설이 신빙성이 없다고 알려져 있다.

Salieri가 이 극본에 음악을 부치려다 포기한 것으로 알려졌다. 오스트리아의 한 도서관에서 Salieri의 처음 몇 장의 악보가 발견되었다. Salieri는 특히 모차르트가 이태리어로 쓰여진 극본에 훌륭한 음악을 작곡하는 것에 대해서 열등감을 많이 느꼈기 때문에 그의 출세를 방해하려 했다고 알려져 있다. Amadeus 영화에서 보듯이 그가 치매로 요양원에 들어간 것은 사실이지만 그가 모차르트를 독살했다는 것은 지어낸 이야기들이다. 이 오페라는 6명의 주인공만 필요로 하고 두 쌍의 연인들이 자주 3도 음정의 간격으로 2중창을 부르는 장면이 많기에 동화나 인형극 같은 Idyllic한 내용을 담고 있는 듯하다.

처음엔 play in play(연극 안에 있는 연극) 같이 느껴지나 극이 진행될수록 훨씬 현실적으로 다가오는 내용들이다. 우리가 심리학의 발달과 인간의 내면을 들여다보는 openness와 정직성, 또 여러 가지 과학의 발달로 sex에 대한 개념도 Victoria 시대의 도덕성을 가지고 살 수 없는 시대에 살기에  지금 와서 Cosi fan Tutte가 우리 감성에 훨씬 appeal(호소력)하는 것은 당연한 이야기다. 여기서 몇 가지 모차르트 생애에서 중요한 것들을 살펴보는 것이 이 오페라를 이해하는데 도움이 될 것이다.

모차르트는 1782년 8월 4일 Constanze Weber와 아버지의 승낙 없이 결혼한다. 모차르트가 처음 Weber 가족을 만난 해는 1778년 Mannheim에서였다. 아버지 Weber는 bass singer이자 궁중 오페라단의 copyist였다. 아마도 모차르트의 악보도 사보를 했을 것으로 추정된다. 나중에 태어난 Carl Maria von Weber의 삼촌이었고 그의 4명의 딸들이 모두 singer였다. 처음 만하임에서 모차르트가 사랑에 빠진 사람은 둘째 딸 Aloysia로 모차르트가 그들의 온 가족과 함께 이태리로 연주 여행을 할 환상도 가졌던 가수였다. 모차르트는 그녀에게 레슨도 여러 번 한 것으로 알려져 있다. 아버지에게 쓴 편지에서 그가 사랑에 빠진 낌새를 알아본 Leopold는 엄마와 함께 Paris로 가라고 명령한다.

Paris에서 엄마가 죽고 Salzburg로 돌아오는 도중 Munich에 들렀을 때 다시 만난 Aloysia는 Joseph Lange라는 배우와 약혼한 사이였다. 후에 모차르트가 Aloysia의 여동생인 Constanza와 결혼해

sister-in law가 되었을 때 여러 모차르트의 오페라에서 주인공 역을 했다.(돈 조반니의 Donna Anna, 후궁으로부터의 유괴의 Constanza 역) 이런 것으로 미루어 볼 때도 Cosi fan Tutte의 여주인공들이 두 여자 형제인 점도 모차르트 자신의 이야기와 가깝다.

또한 musicologist, Alan Tyson의 추측에 따르면 모차르트의 막내아들 Franze Xavier Mozart가 Franz Xavier Sussmayr, 즉 모차르트의 제자와 Constanza 사이에 나온 아들일 가능성이 있다는 것이다. 두 사람이 Baden에서 자주 같이 있었다는 점, Constanza가 병치레를 위해 자주 Baden에 간 점, Franz Xavier Mozart가 1791년 7월 26일에 태어났는데 1790년 10월경엔 모차르트가 tour로 인해 Constanza와 멀리 있었다는 점, Constanza의 두 번째 남편이 된 Franz Niemetschek가 constanza의 도움을 받아 쓴 모차르트 전기에 Sussmayr 이름이 나왔을 때마다 이름을 지운 것으로 보아 이를 추측해 본 것으로 생각된다.

모차르트 부부 두 사람 다 theatre에 종사하고 Constanza가 자주 임신으로 인해 모차르트의 연주 여행에 동행하지 못하고 모차르트의 왕성한 성욕으로 인해 모차르트도 extramarital affair를 가졌을 가능성이 크다는 것이다. 후에 모차르트 전기를 쓴 Otto Jahn의 말에 의하면 Constanza의 여자형제가 이르기를 이로 인해 두 사람이 다투는 때가 많았다고 한다.

또 모차르트가 빚에 쪼들리기 시작한 후 건강도 악화되고 Constanza도 자꾸 Baden으로 갈 때 모차르트는 그녀가 연인을 두었을 것에 대한 걱정이 많았다고 한다. 그의 편지 속에 다른 사람과의 행동에서 서로의 명예에 손상이 가지 않게 몸가짐을 조심하라는 훈계를 자주한다. '후궁으로부터의 유괴'나 '피가로의 결혼' 'Cosi fan Tutte' 내용 중에 정조를 지키는 이야기가 자주 나오는 것도 흥미로운 일이다.

사실상 모차르트는 이 오페라에 대해서 자랑스럽게 생각했기에 하이든과 그의 mason형제였고 그에게 수없이 돈을 빌려준 Michael Puchberg를 private rehearsal에 초청했다고 한다. 이 오페라는 1789년 9월과 12월 사이에 쓰여졌다.

19세기와 20세기 초에는 내용이 비도덕적이고 음탕하게 생각해 연주되지 않다가 2차 대전 후부터는 자주 연주되는 오페라이다. 이 오페라의 초연은 성공적이었으나 Joseph 황제가 죽는 바람에 오페라 극장이 애도의 시기 때문에 닫을 수밖에 없었다.

사실상 오페라의 리브레토를 이해하기 전에 오페라를 이해한다는 것은 사실상 불가능한 이야기다. 비록 작곡가가 오페라에서는 dramatist이지만 리브레토 역시 워낙 함축된 내용이기에 만약 원작이 문학에서 구체적인 내용이 더 있다면 그것도 참고해야 될 것이다. Cosi fan Tutte에 경우에는 모차르트 자신도 ending을 확실히 매듭을 짓지 않았기에 연출가에 따라 끝을 달리 할 때도 많고 극장을 떠날 때도 그 후에는 어떻게 되었을까 하고 의문을 가지고 떠나게 된다. 그렇기에 여기서 구체적으로 줄거리를 소개하려고 한다.

모차르트가 다 폰테와 협업한 오페라는 서로 연관성을 지니고 있다. Figaro의 결혼의 1막 scene 7에서 Susana와 백작과 Basilio가 하는 대화에서, 이 오페라에서 쓰는 Cosi fan Tutte의 tune이 나온다. Don Giovanni의 만찬 장면에서 Figoro의 No.10 Cherubino에게 말하는 아리아 Non piu andrai(더 이상 낮밤으로 여자들에게 나비처럼 날아다니지 말라)가 다시 나오는 것처럼.

모차르트는 서곡에서 나오는 주인공의 성격을 닮은 테마를 몇 개 소개한다. 처음 군대에서 쓰는 fanfare 같은 것이 나온 후 부드럽고 여성적인 소절이 있은 후 다시 남성적인 소절로 이어진다. 마치 두 쌍을 이야기 하듯... 그리곤 서곡의 거의 끝에 나중에 No.30 finale 바로 전 Alfonso가 부르는 아리아에서 Cosi fan Tutte를 자기가 부른 후 두 남자에게도 같이 따라 부르게 한 tune이 무엇을 암시하는 듯 서곡의 끝에 사용된다.

### 1막

1막 Scene 1은 나폴리의 한 바닷가 cafe에서 나폴리 군인 장교인 Ferrando와 Guglielmo가 본인을 철학자라고 자칭하는 냉소적인 늙은이 Don Alfonso와 대화하는 데서부터 시작된다. 이 오페라의 여주인공인 Dorabella와 Fiordiligi(lily of the valley, 계곡 속에 백합)

는 Ferrara에서 나폴리로 휴가와서 큰 저택을 빌려 기거하는 중에 이 남자 주인공들을 만나 약혼한다.

두 귀족 남자 주인공들은 자신의 신분과 남성미에 대해 강한 자신감을 가졌기에 그녀들이 당연히 자신들에게 충성할 것이라고 믿는다. 그들이 너무 순진하다고 생각해 가르쳐야 되겠다고 생각한 Don Alfonso가 남자들에게 여자를 믿으면 안된다고 말하자 자기들은 그녀들의 정절에 목숨을 걸 수 있다고, 결투할 것을 제안하지만 늙은이는 내기를 걸자고 한다. 단 앞으로 24시간 동안은 Don Alfonso의 지시를 따르는 조건으로... 그들은 자기들 1년 봉급에 해당하는 내기를 건다.

그리고는 내기로 인해 생긴 돈을 어디에 쓸까를 생각하며 즐겁게 노래 부른다. opera seria의 경우는 시작부터 어떤 형식, 의식과 겉치레를 많이 필요로 하지만 commedia dell'arte에서 유래한 opera buffa의 경우 여기서 보듯 처음부터 당장 내기를 거는 action으로 들어간다.

Scene 2에서는 Fiordiligi와 Dorabella가 자기들의 남자 친구의 사진을 보며 그들이 너무 잘 생기고 매력이 있다고 노래 부른다. 그녀들은 자기의 애인들이 올 것을 기다리고 있는데 대신 Don Alfonso가 어두운 표정으로 들어오며 그들이 왕정으로부터 전쟁터로 기리는 통보를 받았다는 뉴스를 선한다. 잠시 후 두 남성이 떠날 채비의 옷차림으로 들어온다. 그들은 그 소식을 듣고 죽어

버리고 싶다는 여주인공들을 달랜다. 여자들이 슬퍼하는 동안 남자들은 자신들이 여자들을 괴롭히는 옳지 않은 행동을 하고 있는 것에 대한 자책감이 전혀 없다. 그들이 헤어져 있는 동안 서로에게 충성을 약속하며 슬퍼 울고 있는 사이 멀리서 군대 행진곡이 들린다.

다음은 도라벨라와, 돈 알폰소, 피오르질리 세 사람이 순풍을 타고 떠나기를 기원하는 아리아 No.10 'Soave sia il vento' 아름다운 고별의 노래를 부른다. comedy 안에 잠시 분위기가 완전히 다른 종류의 아름다운 음악이다. 오랜 눈물의 이별 시간을 본 Don Alfonso는 자신이 훌륭한 배우임을 자화자찬하고 "여자의 충성을 믿느니 삽으로 바닷물을 푸거나 모래에다 씨앗을 뿌리는 게 낫겠다."는 조롱 섞인 말을 뱉는 어두운 아리아를 부른다.

Scene 3에는 하인인 Despina라는 새로운 인물이 등장한다. Despina는 commedia dell'arte의 전형적인 columbina type으로 우리가 La serva pedrona에서 본 하인 Serpina나 피가로의 결혼에서 본 수잔나처럼 영리하고 귀족의 행동을 비웃는 역할을 하는 여인이다. commedia dell'arte는 자주 의사 변호사를 비웃는 buffa 역이 자주 나오는데 Despina는 이 오페라에서 나중에 의사, 변호사역도 위장해서 맡는다. Despina는 들어오면서 초콜릿을 먹지는 못하고 주인들을 위해 만드는 동안 맨날 냄새만 맡는 자기 신세를 한탄한다. 잠시 후 여주인공들이 들어와 온갖 물건을 내던지며 독약을 찾고 칼도 찾는다. 그리곤 Dorabella가 자기의 비극적인 사랑 때문에 죽어버리고 싶다는 No.11 아리아를 부른다. Despina가 그들의 슬픔의 원인이 남자들이 전쟁에 참여 하기 위해 떠났다는 말을 듣고는 "그들이 간 동안 남자들도 충성을 안 할테니 여자들도 즐거운 시간을 가지라"고 충고한다. Despina의 아리아 No.12 "In Uomi, In soldat?" (남자 군인들이 정조를 지킨다고?) Despina가 노래하는 인생의 현실을 이야기하는 노래는 우습고 그녀의 성격을 잘 나타내 주고 있다.

Don Alfonso가 자신의 계략에 동조할 후원자를 얻기 위해 조금 있다가 Despina를 유혹하려고 들어온다. 그리고 그녀의 가슴 사이로 동전을 던져준다. 두 청혼자가 들어오면 옆에서 거들라고... 곧 Ferrando와 Guglielmo가 Albanian이라고 위장하고 들어온다. 당시 Albania는 터키가 지배하는 영토였다. 그렇기에 이들은 Islam 옷차림으로 수염을 달고 위장하고 들어온다. Fiordgili와 Dorabella가 왜 자기 집에 남자들이 들어왔느냐고 내쫓으려 하니 Don Alfonso가 그들이 자신의 옛 친구라고 반긴다. 주인공들 모두가 참여해 대화하는 No.13 6중주는 남자들이 여 주인공에게 품은 애정을 고백하고 여 주인들은 무척 화가 난 가운데 일어나는 앙상블이다. 모차르트의 finale 같이 레시타티브 없이 모든 주인공들이 차례로 등장해 대화를 주고 받는다.

아리아 No.14 'Como scoglio immoto'(Like a rock, 바위처럼)는 유명

한 Fiordiligi의 아리아이다. 자신의 이름이 순결을 의미하듯... 여기서 사용한 recitative accompagnato는 오케스트라의 반주로 극적인 내용들을 담고 있다. opera seria에서는 주로 신화의 주인공이나 왕족이하는 레시타티브에 오케스트라가 반주를 사용했다.

하나의 부수적 이야기를 담자면 원래 Fiordigili 역을 맡은 Adriana Ferrarese del Bene는 Da Ponte의 정부였다. 매력적이지도 않은데다 교만해서 모차르트는 그녀를 별로 좋아하지 않았다. 그녀의 습관 중에 높은 음을 부를 때는 목을 젖히고 낮은 음을 할 때는 턱을 숙이는 습관이 있었기에 음의 높낮이 간격을 극하게 만들어 마치 닭이 목을 움직이듯 음악을 만들어 놨다. 장난꾸러기 모차르트답게 만든것이다. 그렇기에 고난도의 기술을 요하는 아리아이다.

## 노래 가사

바위가 바람과 폭풍에도 단단히 견디는 것처럼

나의 영혼도 언제나 믿음과 사랑으로 단단히 견딜 것이다.

나의 충성이 슬픔을 위로할 것이고

나에게 기쁨과 평화를 가져다 줄 것이다.

오로지 죽음만이 하늘에 맹세한 나의 마음을

바꿀 수 있을 것이다.

당신들, 무자비한 사람들아! 당신들은 우리들을 존중하라.

무례하게 희망을 가지고 다가오지 말라.

Ferrando와 Guglielmo가 방에서 나가려는 것을 막는다. 여기까지 살펴보면 Ferrando와 Guglielmo가 내기에 이긴 것이 확실하지만 그들은 여기서 멈추지 않는다. 사실상 마음이 다른데 가 있기 때문이다. 서로 자기 친구의 애인을 유혹하고 싶은 마음이 앞서는 것이다. 자신들의 남성적인 능력을 뽐내고 싶고 자기가 원하면 어떤 여자도 정복할 수 있다고 증명하고 싶었던 것이다. 더 이상 Don Alfonso와의 내기가 아니고 자기들끼리의 경쟁을 시작한 것이다.

다음은 Guglielmo의 'Non siate ritrosi'(Don't be shy) 아리아로 모차르트의 K 584 'Turn your eyes on him' 아리아로 따로 독립적으로 부르기도 하는 유명한 아리아이다.

원래의 아리아 가사는 다음과 같다.

> Turn your gaze toward him
>
> And you will see how it stands:
>
> All of him says: I freeze, I burn,
>
> My idol, have pity!
>
> And you, dear, for only a moment
>
> Turn your beautiful eyes on me,

And in mine you will find

What my lips cannot express.

An enarmored Roland

is nothing compared with me;

The wounded breast of a Medor

I count as null next to him;

My sighs are like fire,

His desires are of bronze.

If, then, one speaks of merit,

I am sure, and so is he,

That our equal cannot be found

From Naples to Canada.

In wealth we are like Croesus,

In beauty, like Narcissus;

In love even the Mark Antonys

Compared with us would be buffoons.

We are stronger than a Cyclops,

Cultivated as much as Aesop;

If we dance, a Pique would yield,

If we sing with a single trill

We outshine the nightingale.

And we have some other assets

Which no one knows about.

Lovely, lovely, they are holding firm,

They are leaving, and I am glad of it!

Heroines of constancy,

They are paragons of faithfulness.

Medro는 Tasso의 Orlando Furioso에 나오는 인물이고 Picq는 Carlo de pigue로 모차르트의 여러 오페라 안의 dance에 dance master로 나온 인물이다.

No.17의 Ferrando의 아리아는 Guglielmo와는 대조적인 낭만적인 아름다운 테너로 'Un'aura amorosa (사랑의 숨결)'로 묘사하는 A 장조의 노래다.

다음 No.18은 모차르트의 1막 finale이다. 이것은 7개의 part로 나누어져 있다. 여러 번 앞에서 이야기했듯이 모차르트의 finale ensemble은 다른 작곡가가 근처에 올 수 없는 찬란한 영역이다. Lorenzo da ponte가 자신의 회고록에서 말한 것처럼 "finale는 그 자체가 작은 comedy다. 이것은 자기만의 특별한 흥미거리와 신선한 각본을 필요로 한다. 레시타티브가 없어지고 모든 것을 노래로 불러야하며 모든 인물이 무대 위로 등장해야 한다. 각본이 허락하지 않아도 극작가는 어떻게 해서라도 comedy를 만들어내야 한다."

모차르트의 finale는 적어도 20여 분의 지속되는 음악으로 이루어진다. 그가 solo곡, ensemble곡, 심포니, 합창, 기악 음악, 성악 음악 할 것 없이 모든 음악의 master였고 탁월한 dramatist였기에 이것이 가능한 것이다.

No.18 part 1은 Fiordgili와 Dorabella의 duet으로 자신들의 변해버린 운명에 대한 괴로움에 대해서 부르는 노래지만 모차르트는 이 음악을 아주 감미롭게 작곡했다. 여기서 우리가 모차르트의 두 가지 색채를 모호하게 내려는 다른 의도를 엿볼 수 있다.

part 2

The rays of the sun

Are turning to darkness for me

I tremble, I seem to feel

My strength, my soul now flee.

My lips, my very tongue

Cannot form another word.

태양의 광선이 이젠 내겐 어두움으로 변하고 있다.

난 전율을 느끼며 나의 영혼은 떠나가고 있고

난 아무 말을 할 수 없다.

part 3

오중주에서 그녀들의 노래가 끝나자 Guglielmo와 Ferrando가 독약을 먹었다고 소동이 일어난다. Dorabella와 Fiordiligi가 충격에 휩싸였을 때 Don Alfonso가 의사를 데려오라고 한다. Despina와 Don Alfonso가 나간 사이 Dorabella와 Fiordiligi는 신음하는(실제로는 이 광경을 즐기면서) 두 Albanian을 깨우지 않으려고 속삭인다. "이렇게 심란한 와중에 어떻게 그들을 버릴 수 있담." "누가 빨리 도와주지 않으면 살아날 가망이 없겠군."

part 4

Ferrando와 Guglielmo: 그녀들이 많이 약해진 것 같아.
동정이 사랑으로 바뀌지 않을까?
Fiordiligi와 Dorabella: 불쌍한 것들, 불쌍한 죽음 때문에
울 것 같아.

part 5 6중주

Don Alfonso와 의사로 위장한 Despina와 들어온다. Despina가 들어올 때 조금 전 들었던 Despina가 불렀던 아리아 'In Uomini, in soldati'가 오케스트라에서 들린다. Despina가 커다란 자석을 Albanian의 머리 위에서 흔든다. 이것도 일종의 연극 안에 일어나는 작은 comedy인데 이 자석은 Friedrich Anton Mesmer(1734-1815)가 발명한 동물을 위한 자석이다. 그는 최면술을 고안해냈고

mesmerize라는 단어가 그로부터 나온 것이다. 그는 모차르트 가족의 친구이자 후원자였다. 모차르트가 12살 때 쓴 Bastien and Bastienne가 그의 집에서 공연된 바 있다.

part 6 6중주

Albanian들이 깨어나 혼미한 상태에서 그들을 여신이라고 부른다. Don Alfonso와 Despina는 그들이 아직은 독의 후유증으로 그러하나 곧 제정신으로 돌아올 것이라고 한다.

part 7 sextet

남자들은 과감히 키스해 달라고 조르고 여자들이 항의하는 동안 Despina와 Don Alfonso는 다음 단계는 사랑일 것이라며 웃는다.

## 2막

2막의 시작은 Despina의 여주인공들에게 하는 훈계로 시작한다. 다른 여자들처럼 사랑을 심각하게 생각하지 말라. Have your cake and eat it, too. 그들은 부자고, 잘 생기고 귀족인 데다 그녀들 때문에 죽으려고 했다. 사랑 없이 살 수는 있지만 애인은 있어야 한다.

No.19는 Despina의 아리아이다.

여자가 15살쯤 되면 세상사를 터득해야 한다. 100명의 남자들한테도 귀를 내줄 수 있고 거짓말도 할 줄 알고 여왕처럼 군림할 줄도 알아야 한다. 그 말을 귀담아들은 두 여자들 마음이 바뀌기 시작해 Dorabella와 Fiordiligi는 서로 누구를 택할까 의논한다. Dorabella가 갈색 머리 남자를, Fiordiligi는 blonde를...

No. 21 합창과 함께하는 Ferrando와 Guglielmo의 duet.

사랑의 바람이여, 나를 도와주소서. 나의 한숨을 그들의 가슴에 전해 주오. 이것은 serenade다.

No.22 4중주

처음엔 쑥스러워하던 네 사람은 각자 쌍을 이루어 서로 다른 방향으로 정원에서 산책을 간다. Guglielmo는 자기의 가슴이 Vesuvio 화산처럼 타고 있다고 고백한다. 그러면서 Dorabella의 목에 있던 목거리 대신 자신의 heart 모양의 목걸이로 바꿔 목에 건다. Dorabella와 Guglielmo는 천생연분처럼.

Oh happy exchange

Of affections and hearts.

What new delight now starts,

And what sweet new pain!

아, 얼마나 행복한 마음의 주고 받음인가!

새로운 기쁨과 달콤한 고통의 시작이구나!

No.23 duet

"Il core vi dono"(I give you my heart)

다음 duet은 세 부분으로 나뉘어 있다. part 1은 나의 심장을 준다. part 2는 선물을 준다. part 3은 심장의 선물이 교환되었다.

No. 24는 Ferrando가 Fiordiligi를 유혹하려는 아리아이다. Fiordiligi는 레시타티브에서 Ferrando를 뿌리치면서 자신의 내면에 대해 깨닫기 시작한다. 비록 자신의 이름처럼 단단히 서있기는 했지만 자신 안에 고통과 후회와 허영과 변덕, 거짓과 정렬이 모두 섞여 있는 것을 느낀다. 나의 정렬은 도덕적인 사랑과 충성하는 것과는 연관이 없다는 것을 느낀다.

Fiordiligi의 아리아 No.25는 "Per Piet beb mio"(Have pity on me, my sweet)로 자신의 충정을 지키려고 애쓰는 노래를 부른다. Fiordiligi가 나간 후 Ferrando와 Guglielmo가 등장한다. 이것은 Da Ponte가 쓴 훌륭한 리브레토 장면이다. 지금 Don Alfonso와의 내기를 이긴 Ferrando는 기분 좋은 표정으로 들어온다. Guglielmo, Dorabella를 유혹하는 데 성공한 그가 오히려 불편하다.

Ferrando: 우리가 이겼어

Guglielmo: 그럼, double or nothing으로 가자고 할까?(생략)

Ferrando: 정원에서 걸으면서 여러 가지 이야기를 하다가 사랑 이야기를 했지. 내가 떨고, 우는 척도 해보고. 그녀의 발밑에서 죽는 시늉도 해봤어.

Guglielmo: 진짜 잘 했겠지. 그래 그녀가 어떻게 하더냐?

Ferrando: 처음엔 웃더니 농담도 하고 날 놀렸어

Guglielmo: 그리곤?

Ferrando: 그리곤 날 측은하게 생각하는 것 같았어.

Guglielmo: 세상에!

Ferrando: 그리곤 Guglielmo를 위한 turtledove(비둘기)처럼 순결하려고 애썼어. 그리곤 나에게 온갖 이름을 퍼붓더니 날 내쫓고 나가 버렸어. 누구랑 비교할 수 없는 여자라니까.

Guglielmo: 너랑 내게 좋은 소식이네. Penelope네! 그렇게 좋은 소식을 가져오니 한번 안아보세. 내 친구야!(그리곤 Guglielmo도 같은 소식을 가져왔으리라고 기대한다)

Ferrando: 그래 나의 Dorabella는? 그녀는 어떻게 행동하디? 나도 전혀 의심 안 해. 아름다운 그녀가 어떻게 했으리라, 너무 잘 알어.

Guglielmo: 너랑 나만의 이야기인데... 조금 의심하는 것도 꼭 나쁜 건 아니야.

Ferrando: 뭐라고? 그녀가 네 꼬임에 넘어갔다고? 난 추호도 생각 못 했네.

Guglielmo: 이 세상에서는 의심을 하는 것도 나쁘지 않다고

Ferrando: 하나님 맙소사! 나한테 무슨 일이 있었나 이야기해봐. 날 정말 죽이네. 너 농담하고 있지? 그녀는 나만 사랑해.

Guglielmo는 한편으로는 그가 내기에 졌기에 부아가 난 걸 안다. 그러나 어떻게 보면 거만한 Fiordilgi보다는 관능적인 Dorabella가 더 마음에 든다고 생각한다. 그리고 내기에 이기는 것에 전혀 죄책감을 느끼지 않는다. Ferrando도 자기처럼 성공했을 것이라고 생각했다가 Fiordiligi가 정조를 지켰다고 들으니 그녀를 아직 사랑한다. 그리고 Ferrando가 나약하다는 마음이 들었다. 그리고 자신의 남성미에 대해 기분 좋아한다. 한편으로는 죄책감도 있고, 동시에 경멸과 machismo의 감성으로 Ferrando의 상처에 소금을 비빈다.

Guglielmo: 너에 대한 사랑의 증표로 나한테 네 사진이 들어있는 목걸이를 줬어.

Ferrando: 썩어 빠진 년! 내 초상화!(화가 나 뿌리치고 나가려 한다)

Guglielmo: 어디 가려고.

Ferrando: 그녀의 심장을 도려내 버리려고.

Guglielmo: 미쳤어? 동전 한 닢 가치도 없는 여자 때문에 네 인생 망치려고?(Ferrando는 완전히 풀이 죽어버렸다. 한심하게 변했지만 처음으로 진정성 있는 사람으로 변했다)

Ferrando: 그렇게 언약을 하고 눈물로 맹세를 하더니! 어떻게 하룻

만에 변할 수가 있다냐

Guglielmo: 나도 알 수 없네 (생략)

Ferrando: 잔인한 여자. 무례한 사람

Guglielmo: 정말 별난 일이네

다음은 Guglielmo의 buffa 아리아 No.26 'Donne, la fate a tanti' (여성들이여, 당신들은 너무 많은 남자들을 속입니다)를 부른다. 이 아리아는 rondo 형식을 가졌다. 'La Fate a Tanti(너무 많은 남자를 속입니다)'가 후렴처럼 돌아온다.

No. 28은 Dorabella의 아리아 론도 형식의 E Amore un Ladroncello(Love is a little thief)이다.

Fiordiligi는 그 Albanian에게 사랑을 느낀다고 이야기하며 자신의 혼란스러운 감정을 수습하려고 Guglielmo의 유니폼을 입고 죽든 살든 전쟁터로 가겠다고 마음먹는다. Don Alfonso는 Ferrando의 감정에 불을 지른다. Ferrando가 다시 한 번 유혹하려고 칼을 들고 Fiordiligi에게 자신의 가슴을 찌르라고 한다. Fiordiligi는 그러지 않아도 고통스럽다고 한다.

Fiordiligi: 일어나.

Ferrando: 필요없어.

Fiordiligi: 나보고 어떻게 하라고.

Ferrando: 당신의 사랑 아니면 죽음을 !

Fiordiligi가 나가라고 소리 지르지만 청중들은 이번엔 그녀가 넘어갈 것이라는 것을 안다. 둘은 No.29 duet을 부른다.

Ferrando는 'Volgi me pietoso il ciglo(let there be pity in your glance, if only out of pity)', 둘은 'Abbracciamci, o cao bene'(Embrace me, love, a caress. Console me for my distress)를 부른다. Don Alfonso와 이를 지켜본 Guglielmo는 화가 머리끝까지 났다.

Mi pelerei la barba! 내 수염을 뽑아 버리겠다

Mi graffierei la pelle 내 살갗을 벗겨 버려야지

E darei colle corna entro le stele 내 뿔로 돌격할 거다.

Fu Quella Fiordiligi, la Penelope 그게 나의 Fiordiligi, 나의 페네로페.

L'Artemisia sel secolo? 나의 Artemis라고?

Briccona, assasina furfante 사기꾼, 살인자, 철면피.

Larda, cagna! 거짓말쟁이, 쌍년.

Don Alfonso 그래, 다 털어버려. 그래, 세상은 온통 여자야. 그래 다른 여자는 이 두 여자와 다를 것 같아? 그래도 너희들 본 마음은 이 여자들을 사랑하잖아? 좀 깊이 생각하고, 어떻게 이 진흙탕 속에서 헤어 나올지를 생각해보자. 오늘 저녁 두 쌍의 결혼식을 올리자.

여기서 Don Alfonso가 자기 철학을 읊는다.(No. 30 알퐁소 아리아)

All men accuse women,

But I excuse them

Even if they change their affections

A thousand times a day.

Some call it vice

Others a terrible habit, but to me

It seems to be neccessity of the heart.

The lovers who find himself fooled

Should not blame anyone but himself;

For all women whether young or old, beautiful or ugly,

Repeat after me: All women are like that (Cosi fan Tutte)

모든 남자들이 Cosi fan Tutte를 부른 후 Despina가 등장한다. 두 여자를 결혼시키고 돈도 더 받을 생각에 신나서.

"그것 봐, 내가 사흘 있으면 honeymoon 떠난다고 했잖아. 나한테 결혼 계약서를 쓸 변호사를 주문했어. 자기 집에서 기다리고 있어. 만족하냐? 만족해?"

## 2막 Finale

No. 31

모차르트의 grand finale인 만큼 12 part로 나누어져 있다.

part 1. Despina와 Don Alfonso, 하인들과 음악가들.

넓은 방에 테이블이 하나 놓여져 있다. 촛불을 켜고 결혼 예식을 준비한다. 두 음모꾼들이 서로에게 찬사를 보낸다.

part 2. wedding hymn

Chorus 두 신랑과 두 신부들에게 축복이 있기를,
암탉과 수탉처럼 애도 많이 낳기를...

두 여주인공과 남자들이 들어온다. 여자들은 Despina에게 감사하며 들어온다. 남자들은 Don Alfonso가 Despina의 도움 없이는 이 계략에 성공하지 못했을 것이라는 것을 안다.

part 3. 잔을 마주침

part 3는 largetto로 모차르트는 전체를 하나로 묶기 위해 처음은 천천히 시작한 후 차차 빠르게 하는 구성을 해나간다. 전부 축하의 잔을 마주치는 동안 Guglielmo는 Fiordilgi가 Ferrando와 쌍을 이룬 것에 대해 이를 갈고 있다.(그들이 마시고 있는 것이 독이었으면... 저 낯짝 두꺼운 것들.)

part 4 이제부터 음악의 템포가 점점 빨라짐.

Despina가 변호사로 분장하고 들어온다. 그리고 두 쌍에게 결혼서약서를 sign하라고 건넨다. Fiordiligi는 Sempronio와 Dorabella는 Tizio와 모두들 사인한다. Don Alfonso는 그 계약서를 주머니에 넣는다. 그러자 북소리가 들리고 군인들의 행진곡이 들린다.

part 5

갑자기 Don Alfonso가 공포의 표정을 짓는다. 그리곤 그들의 지난 약혼자가 돌아온 것 같다고 한다. 겁에 질린 두 여인이 Albanian들에게 옆방으로 가서 숨으라고 한다. Ferrando와 Guglielmo는 뛰어나가고 Despina는 테이블 밑으로 숨는다.

part 6

Ferrando와 Guglielmo가 군복을 입고 들어온다. 여자들이 하얗게 질려 있으니까 너무 창백하다고 햇빛을 쐬라고 한다. 자기 트렁크를 옆에 놓으려다 테이블 밑에 숨은 Despina를 발견한다.

part 7

Despina가 자신이 변호사가 아니라 가면무도회를 다녀오는 하녀인 것을 고백한다. 그 사이 Don Alfonso가 결혼서약서를 살짝 Ferrando 발밑에 떨어뜨린다.

Ferrando: 이게 무슨 서류지?

Guglielmo: 아니 결혼서약서 아냐?

part 8

아니 이걸 sign했다고? 이런 배신행위가... 누가 이런 걸 꾸몄는지 피를 흘려야 할 거야.

part 9

여자들이 반대로 자신들의 가슴을 찌르라고 한다. Don Alfonso가 Albanian들이 숨은 곳을 가르치자 Ferrando와 Guglielmo가 피를 흘리려고 들어가듯 그곳으로 간다.

part 10

Ferrando와 Guglielmo가 수염을 떼고 Albanian 차림으로 들어온다. Guglielmo가 아리아 No.23을 노래 부르며 Ferrando의 사진이 들은 목걸이를 돌려준다. 두 남자는 Despina에게 말한다. "I render the honor he deserves to the doctor of Magnetism."

Don Alfonso 전부 얼이 빠져버렸군, 반쯤 돌았네

두 여인이 Don Alfonso를 향해 저 악당이 우리를 속였군.

part 11

Don Alfonso 그래, 내가 속였어. 그러나 속이려 한 것보다는 사랑에 빠진 사람들을 가르치기 위함이야. 그러니 서로 포옹하고 웃어. 너희 넷도 내가 웃듯 자신에게 웃어봐.

Fiordiligi와 Dorabella 자신의 원래 남자에게 돌아와 노래한다.

난 당신의 마음을 위로하고 당신을 영원히 사랑하겠다고 한다.

Ferrando와 Guglielmo: 난 당신을 믿고 그걸 증명하라고 하지 않겠어.

Despina: 난 혼란스러워. 이번엔 내가 얻어맞은 것 같아

part 12 6중주

Happy is the man who looks on the bright side of everything. And in all circumstances and trial let himself be guided by reason.(생략) Amid the storms of this world, He will find his peace in every season.(모든 곳에서 밝은 면을 보는 사람은 행복할 것이다. 어떤 시련이든 어떤 상황이든 이성이 이끌게 하도록. 세상의 어떤 풍파가 와도 그는 언제나 평온을 유지할 것이다.)

이렇게 막은 내린다. 연출가에 따라 바뀌진 쌍으로 끝내는 production도 있다. 끝이 어떻게 끝나든 모차르트의 음악은 우리를 ambiguity(애매모호함) 상태로 끝낸다. 처음엔 idylic한 음악에서 점점 더 주인공들이 자신을 깨달으며 성격이 확실한 사람으로 변해간다. 그들이 결혼했다면 Don Alfonso가 돈을 도로 결혼 선물로 돌려줬을는지 모르겠다.이 오페라는 1790년 1월과 8월 사이에 10번 쯤 상연되었지만 Joseph 황제가 죽는 바람에 극장을 닫을 수 밖에 없었다.

Afterthought

모차르트는 그의 마지막 위대한 교향곡 39, 40, 41번을 1788년 작곡한다. 사실상 임페사리오 살로몬(Impessario Salomon)은 하이든과 모차르트 두 사람 다 런던으로 초대한다. 어린 아이들과 Constanza의 건강이 나쁜 관계로 하이든이 돌아온 후 모차르트가 가는 계획도 있었다.

1788년 어린 딸 테레사(Teresa)가 죽고 두 사람 다 건강이 악화되었다. 1789년 봄 리히노포스키(Count Lichnowsky)는 나중에 베토벤의 후원자이자 모차르트의 후원자인 Count Thun의 사위와 프레데릭 윌리엄 2세(Frederick William 2)의 초청을 받아 베를린(Berlin)으로 여행한다. 확실히 무슨 이유인지는 모르지만 프레데릭(Frederick)이 같은 masonic 형제였고 모차르트를 좋아한 것은 사실이었다. 그가 Berlin 왕궁 음악가로 모차르트를 초청했으나 모차르트는 비엔나를 떠나고 싶어 하지 않아서 거절한 것으로 알려져 있다. 나중에 모차르트가 죽은 후에도 모차르트의 미망인으로부터 그의 악보도 산 것으로 알려져 있고 후에 그를 위해 Prussian quartet도 작곡했으나 재정적으로는 큰 성과를 거두지 못했다.

Count Lichnowsky와 같은 귀족은 자신의 Estate에서 정규 수입이 있었지만 모차르트 같은 free-lancer에게는 이러한 여행은 커다란 비용이 드는 여행이었다. 돌아오는 길에 Leipzig에 들렀을 때는 St. Thomas church에 들릴 수 있어 Bach의 Motet도 학습할 수 있어 그의 Magic Flute 오페라에 사용한 Fugue에도 영향을 주었다. 그에게 Don Giovanni를 위촉한 Guardasoni는 Warsaw로 가버렸기에 또 하나의 오페라 위촉은 무산되었다. 1789년 모차르트는 자신의 masonic 형제였던 Michael Puchberg에게 21차례나 돈을 빌려 달라는 편지를 쓴다. Joseph 황제가 모차르트를 다른 궁정에 빼앗기기 싫어 그를 minor court composer로 작은 월급은 주었지만 high living에 익숙해진 모차르트에게는 턱없이 모자랐다.

그의 건강이 조금만 더 버텨질 수 있었다면 1791년에 쓴 Magic Flute은 재정적으로도 커다란 성공이었고 새로 부임한 St. Stephan church의 직책도 그에게는 고정적인 수입이 될 수 있었다. 어쨌든 재정적 stress와 너무 많은 일의 양에 시달린 모차르트의 건강이 너무 나빠졌기에 너무 젊은 나이에 운명한다.

# 마술피리
## Magic Flute
### (1791년 9월 30일 Vienna 초연 K. 620)

독일 singspiel 오페라인 Magic Flute는 모차르트의 친구 Emanuel Schikaneder가 극본을 쓰고 모차르트가 음악을 쓴 그의 가장 인기 있는 오페라이다. 초연 때부터 히트(hit)를 친 이 오페라는 지금까지도 가장 많이 상영되는 5대 오페라 안에 늘 들어간다. Schikaneder가 빚에서 헤어나기 위해 모차르트에게 제안해서 쓰여진 이 오페라로 인해 Schicaneder는 새 극장을 짓고 그 앞에 Papageno로 분장한 자신의 동상도 세웠고 widow가 된 Constanza도 부유하게 살 수 있었다. 모차르트가 조금만 더 살 수 있었다면 새로 부임하게 된 St. Stephan 교회의 kapellmeister의 직분으로부터도 규칙적인 수입도 얻을 수 있었다. 어려서부터 많은 병치레를 겪은 모차르트는 당시 너무 많은 일에 시달리긴 했으나 왜 하늘이 그를 그렇게 빨리 데리고 갔는지는 정말로 알 수 없는 일이다. 모차르트를 제대로 챙기지 못한 이유로 Constanza에게는 소크라테스의 아내인 Xianthippe만큼이나 오랫동안 악명이 주어졌다.

그녀가 자신의 두 번째 남편인 Georg Nissen과 모차르트의 전기를 썼지만 그가 죽고 난 200년 후에나 Edward Dent의 모차르트의 전기가 출판되기 시작하면서 세상은 우리가 어떤 인물을 잃었는가에 대해 알기 시작했다. 19세기 로맨티시스트들은 돈 조반니 오페라는 숭배했지만 베토벤에 눈이 멀어 슈만이나 바그너 같은 사람도 모차르트의 진가를 알아보지 못했다.

Schikaneder는 1751년생으로 모차르트보다 다섯 살 위였고 독일, Straubing에서 가난한 집에서 태어났고 Munich에서 멀지 않은 Regenberg라는 마을에서 학교를 다녔다. 어렸을 때 교회 합창단에서 노래도 불렀고 학교에서 춤과 연기도 익혔다. 1773년에는 F. J. Moser가 이끄는 유랑 극단에 dancer와 연기자로 입단해 1777년에는 주연급의 배우가 되었다. 1777년 Munich court Theatre에서 Hamlet역을 맡아 유명해진 후 1778년에는 자신의 연극단을 만들었다. 1780년 그의 극단이 Salzburg에 머물며 연극, Italian 오페라, 독일 singspiel을 하며 모차르트와 친분을 쌓아갔다.

그도 1787년 Regensburg에 있는 masonic Lodge의 회원이 된다.

1789년 7월 Schikaneder는 비엔나(Vienna) 교외에 Freihaus-Theatre auf der Wieden에 그의 극단이 상임 극단으로 가게 된다. 그는 이 극단을 위해 연극도 쓰고 오페라나 singspiel의 리브레토를 쓰게 된다. 1782년에는 모차르트의 The Abduction from the Harem도 상영한다. Schikaneder의 극장은 public theatre였기에 오는 청중은 주로 중산층 사람들이었다.

어떤 사람들은 모차르트가 자신의 격에 맞지 않는 리브레토에 음악을 부쳤다고 Schikaneder를 폄하하는 사람들도 있지만 Schikaneder의 극장은 public theatre음에도 결코 질 낮은 공연을 하는 곳이 아니었다. 35명의 연주자도 가지고 있었고 유명한 가수들이 이 극장 소속이었다. 마술피리에서 밤의 여왕을 맡은 Constanza의 제일 큰 언니 Josepha Hofer도 이 극단 소속이었다.

마술피리 전에 쓰여진 오페라 Der Stein der Weisen oder Die Zauberrinsel(The Philosopher' stone, or the magic Island)을 쓴 작곡가 다섯 사람 중 모차르트의 이름이 들어가 있다. Schikaneder와, Benedikt Shack(나중에 Tamino 역을 맡은 모차르트의 친구이자 가수, Franz Xaver Gerl-Sarastro를 맡은 가수) 극단의 젊은 kapellmeister J.B. henneberg 등이 그들이다. 물론 모차르트는 그가 opera buffa에서 했듯이 popular한 art였던 짧은 역사를 가진 singspiel을 위대한 독일 예술 오페라로 승격시켰을 뿐 아니라 가장 위대한 독일 오페라를 남겼다.

Schikaneder의 극장이 중산층만 오는 극장은 아니었다. 상류층도 드나들었던 극장이었고 황제도 왔던 곳이었기에 1790년 Joseph 황제가 Imperial and Royal이라는 이름을 붙여 주었다.

청중이 처음 '마술피리'를 접했을 때는 너무나 많은 다양한 소재를 다루는 이야기라 도대체 무슨 이야기를 하는지 갈피를 잡지 못할 수 있다. 이것이 love story인지, 아니면 동화 이야기인지, 아니면 교훈적 연극(morality play) 아니면 masonic play인지… 사실상 모차르트의 천재적 능력이 아니었다면 이 여러 가지 요소의 이야기들을 하나로 엮을 수 없었으리라. 그러나 몇 가지 상징적 의미를 이해하기 시작하면서 이 오페라에 대한 이해가 훨씬 수월해질 것이라고 믿는다.

사실상 Schikaneder는 이야기의 소재를 여러 종류의 책, 동화, freemasonry에서 따오고 그것을 엮었다. 이러한 이야기를 Donald Grout의 말을 빌리면 모차르트의 도움으로 "희곡, 웃음거리부터 장엄한 예식까지, 어린이 동화부터 숭고한 인류의 대망까지를 다룬 것이다. 한마디로 서커스에서 성전까지를 그렇다고 연극적 효과도 소홀히 하지 않으면서" 사실상 우화 같은 이야기와 masonic 상징을 이용했지만 모차르트는 이것을 통해 인간의 깨인(enlightened) 정신을 통해 형제애로 이루어지는 인간의 숭고한 희망에 대해 이야기하고 있는 것이다. 음악적 형식도 단순한 민요 같은 strophic song, coloratura aria, 독일풍의 opera seria, 앙상블, 합창, 웅장한 오케스트라 반주의 레시타티브 등을 총망라한다. 헨델에서나 들었을 것 같은 위대한 합창, Lutheran chorale 멜로디와 바흐 모테트(motet)에서 보는 fuga, 바흐의 레시타티브만큼이나 아름다운 숭고한 레시타티브들도 들을 수 있다.

모차르트의 음악을 들으며 Baron Gottfried van Swieten(1783-1803)에 대해 생각을 안 할 수가 없다. 의사이며 오스트리아 외교관이었던 그는 Joseph 황제 왕실의 도서관의 책임자였다. 아마추어 음악가였던 그는 하이든, 모차르트, 베토벤의 후원자였다. 모차르트의 보잘 것 없는 장례식에도 제일 먼저 달려온 사람이 그였다. 그가 소장한 바흐, 헨델의 manuscript도 모차르트에게 빌려주고 그의 집에서 하이든과 같이 만나 실내악도 종종 하고는 했다. 그가 없었다면 위대한 하이든의 오라토리오 천지창조, Seasons도 없었으리라. 바흐의 필사본을 보며 모차르트는 Fugue를 더 사랑하게 되었고 헨델의 위대한 합창도 익혔으리라.

어쨌든 이 마지막 작품인 'Magic Flute'에서 그 모든 흔적을 본다. 1789년 그가 Berlin으로 여행하고 돌아오던 중 Leipzig에 들러 성 토마스(St. Thomas) 교회에서 바흐의 모테트(motet)를 처음 접하며 "여기 배울 게 있군."이라고 한 말이 생각난다. 그 영향인지 이 오페라는 유난히도 아름다운 Bachian 레시타티브를 priest의 목소리에서 들을 수 있다.

다시 본론으로 돌아와서 Robert Greenberg의 말로는 네 가지 요소의 스토리의 오페라를 하나로 엮은 것이라고 말하고 있다.

첫 번째가 사랑이라고, 물론 오페라의 끝에서 주인공 파파게노는 파파게나를 만나 사랑을 이루고, 타미노는 파미나를 만나 사랑을 이룬다. 파미나와 파파게노의 독일 민요 같은 No.7 duet에서 둘이 "The greatest joy that each man own- to live by love, by love alone. The noblest aim of human life is joined as man and wife."(인간이 이룰 수 있는 가장 큰 기쁨은 사랑으로 살 수 있는 것이다. 인류의 가장 숭고한 목표가 부부로 합쳐지는 것이다.)라는 너무나 당연한 모든 인류가 공감할 수 있는 아름다운 노래를 부른다. 베토벤은 이 노래를 사랑해서 이 멜로디에 첼로와 피아노를 위한 변주곡을 썼다.

Daniel Hartz는 Magic Flute은 러브스토리가 아니라 "It's not a love story but rather a parable about love and its role in human quest for self-betterment. Husband and wife, and wife and husband, reach toward the divine." 즉 사랑에 대한 일종의 우화라고 말한다. 인간의 완성을 향해 추구해가는 사랑의 역할에 대한 이야기라고 말하는 것이 더 옳다.

두 번째로 Tamino가 시련을 거쳐 깨달음으로 성인이 되어가는 과정에 대한 이야기가 오페라의 큰 부분을 차지한다. 세 번째로는 Queen of night(모계)와 Sarastro(부계)와의 갈등과 권력을 차지하려는 투쟁을 그렸다. 네 번째로는 mason의 입회하는 과정의 예식이 그려져 있다. 사실상 freemason에 대한 사전 지식 없이는 2막에 나오는 Isis와 Osiris 신에 대한 합창이나 여러 가지 상징적 의미를 알아듣기 어렵다.

masonary는 모차르트와 Schikaneder도 freemason의 멤버였고 18세기 enlightment 시대의 문화적으로나 사회적, 철학적, 정치적으로 가장 중요한 humanity의 발전에 대해 고안해낸 운동 중의 하나였다. 그 멤버 중에는 Fredrick 2세, Voltaire, Beaumarchais, 스탕달, 영국의 Alexander Pope, 미국의 조지 워싱턴, 벤자민 프랭클린, 독일의 괴테, 하이든도 freemason 멤버였다. 그리고 위대한 모차르트가 남긴 가장 위대한 작품으로 간주되는 작품이 Magic Flute이고 이 오페라가 masonic opera인 만큼 masonary를 아는 것은 중요하다.

Don Giovani나 Cosi fan Tutte를 보고 비도덕적이라고 비판한 베토벤도 마술피리를 보고 감동해 이 인류에 대한 이상을 그린 이 아름다운 작품은 그의 9번 교향곡이나 그의 하나밖에 없는 오페라 Fidelio에도 커다란 영향을 준다. 괴테는 이 작품을 너무 사랑해 그가 살던 지역에 있었던 Weimar 극장에서도 오랫동안 상영되었다. 모차르트의 이른 죽음으로 그가 Faust를 오페라로 못 쓴 것을 너무 아쉬워했다. 모차르트만이 Faust를 오페라로 만들 수 있는 적임자라고 생각했기 때문이다.

masonary는 옛날 성경이나 Koran, Veda 같은 곳에서도 사상을 따오고 시작은 중세 때 돌을 다루던 stone mason guild로 그 유래가 올라간다. 많은 예식과 용어와 image들이 고대 이집트로부터 가져왔고 Persia의 Zoroastrian 관습과 esoteric(밀교, 비밀의 가르침) 지혜를 중시하는 Rosicrucian(일종의 영적인 cultural한 운동) 전통으로부터 따온 것이다. 이러한 사상들을 제도적으로 합쳐 구축해내고 구성한 것이다.

freemason 클럽은 일종의 인간애의 이상과, 같은 철학을 가진 사람들의 모임으로 그들의 멤버 중엔 과학자도 있었고 모차르트에게 돈을 빌려준 섬유를 팔아 돈번 Michael Puchberg도 있었고 다른 유명한 사회의 elite로 구성되어 있었다. 그들은 자기들의 입회를 비밀로 하는 것을 원칙으로 했기에(불란서 혁명 이후 이들의 모임도 금지시킨 적이 있기에 경찰에 고발하면 박해도 당했다. 특히 Maria Teresa는 가톨릭이기에 이들의 모임을 더욱더 금지시켰다) 입회식을 거치지 않은 사람은 모임에 참가할 수 없었다. 오페라에서 Tamino와 Papageno에게 입회하기 전 말을 못하게 하는 것이 그런 의미를 담고 있다.

모차르트는 1784년 12월 14일 'Benefidence'라는 Vienna lodge에 가입한다. 그는 경제적으로나 사교를 위해 이 모임에 가입한 것이 아니라 자신의 영적인 향상을 위해 이 모임에 동참했다. 그리고 이 모임을 통해 인간의 평등, 자유, 용서와 서로에 대한 사랑을 실천해야 한다는 이상을 굳게 믿었고 사랑과 이성을 통한

구원에 대한 vision도 가지고 있었다.

사실상 Idomineo부터 그의 마지막 오페라 Magic Flute와 La clemenza di Tito까지 거의 모든 오페라가 enlightenment 사상에 맞게 용서의 메시지를 전달한다. 그리고 이 오페라는 일반 대중을 위한 오페라였기에 소위 street-language 같은 사투리도 쓴다. 이 오페라의 특징이 어린아이부터 가장 전문적인 지식을 가진 박식한 사람까지 모두 만족하며 볼 수 있는 simplicity와 세련됨과 여러 가지 가능성을 동시에 가지고 있는 것이다.

Magic Flute의 overture는 모차르트의 모든 오페라 overture 중 가장 완전한 것으로 평가되고 모차르트는 overture를 언제나 제일 마지막에 전체 드라마를 안 후에 썼기에 이 overture도 1791년 9월 초연되기 바로 직전에 썼을 것으로 추정된다.

처음 시작하는 fanfare 같은 세 번의 두드리는 것 같은 울림은 서곡의 중간에도 등장하고 2막에서 mason 입회식 전에도 등장한다. 마술피리에서 3이라는 숫자는 중요하다. 이 곡은 E flat장조로 세 개의 flat으로 시작된다. 세 소년, 세 여자, 세 priest, 세 개의 기둥 모두 상징적인 의미를 갖는다. 세 소년은 그들이 Sarastro 성으로 들어가서 시련을 이길 때까지 그들을 돕는다. 처음 등장하는 세 여자는 enlightenment를 거치지 않은 밤의 여왕의 시녀들이다. 그들이 veil을 걸치고 있는 것 또한 아직 진정한 지혜와 깨달음을 얻지 못한 것을 뜻한다. 우리가 자주 보는, 말 많은 여자들이다.

mason 성전의 세 기둥은 힘과, 아름다움과 지혜를 의미한다. 1막 finale에 나오는 세 개의 성전 중 중앙은 지혜이고 오른쪽은 이성을 이야기하고 왼쪽은 자연을 의미한다.

### 1막

느린 부분이 끝나고 나오는 fugato는 빠른 8분 음표로 시작되고, 각 성부로 이어져 차차 합쳐져 나중엔 전 오케스트라가 합쳐 즐거운 음악을 외치는 것은 enlightmentment 안에서 온 형제가 서로 사랑한다는 것을 외치는 메시지다. 또한 힘겨운 노력을 통해 얻는 승리의 개념도 가지고 있다.

막이 올라가면 동양 사람의 옷을 입은 Tamino가 뱀에 쫓기고 있다. 이 왕자가 Egypt로 오게 된 것이다. 동양 옷을 입은 것은 해가 동쪽으로부터 오는 방향을 의미한다. 무슨 영문인지 Tamino는 밤의 여왕의 영토에 들어와 있다. 여기서 밤, 달은 은색으로 되어 있고 여성적이며 어두움을 의미한다. 또 뱀은 여성의 유혹, 성적으로 깨어남(sexual awakening)을 의미한다. 그가 기절했다 깨어나는 것은 어린 시절과 천진난만함을 뒤로 하고 떠난다는 것을 의미한다. 뱀에 쫓기다 Tamino가 기절했을 때 여왕의 시녀인 세 Lady가  와서 뱀을 은색 창으로 찔러 죽이며 아름다운 왕자의 모습을 보고감탄하다 나간다. 왕자가 다시 깨어났을 때 뱀은 죽어 있고 조금 있다 반은 사람 같고 반은 새 모습으로 분장한 새잡이 Papageno가 pan-pipe을 가지고 등장한다.

No.2 Papageno의 자기가 새잡이라는 아리아는 독일 street song 처럼 단순하며 아무나 따라 부를 수 있는 유명한 아리아이다.

Papageno: 내 삶은 너무 즐겁고 자유스럽다.
모든 새는 내 거니까
여자애들도 그렇게 덫에 걸릴 수 있다면
하나 가득 잡을 텐데... (생략)
만약 그녀가 나에게 부드럽게 키스해주면
다음엔 내가 결혼하자고 하고
내 둥지에 같이 누워서
자장가로 흔들어 줄 텐데

사실상 Papageno 역은 대단한 가수보다는 배우로서의 연기도 중요한 역이었다. Schicaneder는 초연 때 이 역을 맡았고 모차르트는 그를 머리에 두고 너무 멋있는 음악을 써 주었다. 그의 음정을 위해 대부분의 노래도 현악기와 doubling을 해주었다.

Papageno는 옛날 불어 Papagei, 곧 parrot, 앵무새를 뜻한다. Lodge of adaption 이란 mason의 예식에서는 살아있는 새는 여성에 대한 호기심에 대한 경고로 썼다. 그렇기에 밤의 여왕이 자신의 영토로 들어오는 새를 사들이는 것이다. Tamino와 Papageno는 대화하다 Papageno가 자신이 맨주먹으로 뱀을 죽였다고 거짓말한다. 금방 다시 나타난 세 여자는 Papageno에게 거짓말의 대가로 와인 대신 물을 주고 케이크 대신 돌을 준다. 그리고 입은 자물쇠로 채운다.

세 여자가 Papageno 입에 자물쇠를 채우는 것은 거짓말을 말라는 의미도 있지만 gossip을 하지 말라는 의미도 있다. 그리고 Tamino에게는 여자의 초상화를 준다. 여기서 Tamino의 No.3 Portrait aria에서 그는 아름다운 여인의 초상화를 보고 사랑을 느끼는 아리아를 부른다. 조금 있다 밤의 여왕이 나타나 그 여인이 자신의 딸인데 Sarastro라는 악당에 잡혀가 자신이 만날 수 없는 슬픔을 노래한다. Tamino가 그녀를 구해 주면 그녀와 결혼 할 수 있고 부와 명예를 주겠다는 약속을 한다. 여왕답게 이 오페라 seria 아리아는 finale를 제외한 유일한 오케스트라 반주를 가진 레시타티브를 가지고 있다.

여왕의 아리아가 끝나고 No.5는 오중주로 세 여자와 Tamino와 Papageno가 부르는 앙상블이다. 자물쇠를 채운 채 부르는 Papageno의 노래 또한 아주 익살스럽다. 자물쇠가 풀린 Papageno는 다시는 거짓말 안하겠다고 약속하고 그들과 함께 노래 부른다.

> 만약 거짓말과 질투가 없어지고 진실만이 통한다면
> 증오와 중상모략이 없어지고 인류가 사랑 안에서
> 살 수 있으리

세 여자는 그들에게 여정의 도중에 도움이 될 Magic Flute을

Tamino에게 선물한다. Magic Flute은 듣는 사람들을 행복하게 해 주고 Papageno에게는 chime bell을 준다. Papageno는 Tamino를 도울 동료로 벨은 그를 보호해 줄 수 있는 것이라고 한다. 그리고 세 소년이 그들을 인도해 줄 것이라고 한다.

이 오페라에는 어디에도 Tamino와 Pamina가 부르는 Love duet은 없다. No.3 Tamino가 부르는 초상화 아리아에서도 그는 초상화를 보고 사랑이라는 감정에 빠져 보고 동경하는 노래이지 오페라에서 흔히 듣는 love duet이 아니다. Daniel Heartz의 말을 빌리면 2 막에서 Tamino가 Pamina의 대답을 하지 않는 것도 자신을 극복하려는 시련을 겪어가야 하는 시간이고 대답이 없어 그녀가 버림받았다고 오해해서 느낀 슬픔의 아리아도 Pamina가 사랑 때문에 겪는 시간이다.

No.4의 여왕의 아리아를 Ernest Newman은 nightingale의 목소리를 가진 독수리라고 불렀다.

밤의 여왕의 영토는 원래가 모계사회였기에 다음엔 Pamina로 계승될 왕국이었다. 그러나 Pamina의 아버지가 죽기 전 그들의 힘의 상징인 7겹의 태양의 circle을 Sarastro에게 준 것이다. Sarastro는 Pamino를 자신의 왕국을 계승할 사람의 부인으로 맞이하기 위해 Pamino를 데려간 것이다. 그는 낮과 밤을 균형 있게 하나로 합치는 생각을 가졌기에 자기의 후계자와 Pamina를 합치는 생각을 가졌던 것이다. 모계사회가 무너지고 자신의 권력이 무너지는 데 대해 분노한 여왕이 복수를 위해 Tamino를 이용하려는 것이다. 여왕의 말을 믿은 Tamino는 Sarastro를 악인이라고 생각한다.

Scene 2 다음 장면은 Sarastro의 성 안에서 이루어진다. 여기서 Sarastro에 대한 설명을 하는 것이 좋겠다. Sarastro란 이름은 Zoroaster로부터 유래한 것으로 니체의 철학 책의 '짜라투스트라는 이렇게 말했다'와 동일한 인물이다. 그는 고대 페르시아에서 대략 628 B.C.E.에서 551 B.C.E.에 살았던 종교 지도자이고 예언자였다. 그는 점성학과 연금술에 대해서 많이 알고 있었으며 그가 죽은 후에는 선을 상징하는 사람으로 되어 있다. masonic 교훈이 Zoroaster 사상을 많이 가져 왔기에 여기 Sarastro란 이름으로 등장한다.

세 노예가 Pamina가 Monostatos라는 Moor로부터 도망쳤다며 떠들며 웃고 있다. 갑자기 Monostatos가 쇠사슬을 가져 오라고 소리친다. Pamina가 다시 잡힌 것이다. Monostatos는 그의 이름 Mono가 말하듯 외롭고 자신만 생각하는 ego-maniac이다. 그리고 Pamina를 향한 성욕에 불타있다. 결정적 순간 Papageno가 등장한다.(No.6 trio Monostatos, Pamina, Papageno) Monostatos도 Papageno를 보고 놀라 도망가고 Papageno와 Pamina가 무대에 남는다. 잠시 후 Papageno가 잡혀 온 젊은 여자를 알아본다. 그리고 그녀가 밤의 여왕의 딸일 것이라고 추측한다. 그리고 자신이 밤의 여왕의 메신저로 왔다고 소개한다.

초상화의 모습과 그녀가 같은 사람인 것을 확인한 후 어떤 왕자가 그녀와 사랑에 빠져 그녀를 구해주러 올 것이라는 소식을 전한다. Pamina는 조금 있다 Sarastro가 와서 그를 발견하면 다시는 그의 아내도 못 만날 거라고 경고한다. 아내라는 소리를 들은 Papageno는 자기가 Papagena라는 소리만 들어도 자기의 깃털을 전부 뽑아 버리고 싶다고 이야기한다. 그 다음 유명한 독일 민요 같은 대단히 Mozartian 아리아 'Bei Manner, welche Liebe Fuhlen' 이란 유명한 No.7 duet을 부른다.

Pamina: A man who is touched by love's emotion

Surely has a tender heart....... (생략)

Pamina and Papageno: The noblest aim of life is to be

joined as man and wife Man and wife, and wife and man, Both are parts of heaven's plan.

이 곡의 주제도 Beethoven이 첼로나 피아노를 위한 아름다운 변주곡을 만들었다. 아마도 베토벤도 장가 가고 싶지 않았을까?

No.8 finale

part 1

세 명의 소년이 Tamino를 종려나무 작은 숲으로 인도한다. 숲의 가운데 세 개의 성전이 있다. 중앙은 지혜의 성전, 오른 쪽은 이성의 성전 왼쪽엔 자연의 성전이 있다. 세 소년은 성실하고, 참을성 있고, 조용히 하라고 충고한다.(steadfast, patient, silent) 남자 같이 행동하면 자기가 찾는 것을 얻을 것이라고.

part 2

성전에 온 Tamino가 성전의 문을 두드릴 때 안에서 물러나라는 소리가 들린다. 가운데 문, 곧 지혜의 문에서 한 신부 (priest)가 나온다. 그와의 긴 대화 후 Tamino는 Sarastro가 악당이 아니라는 것을 알게 된다. 밤의 여왕이 그에게 거짓말을 한 것을 알게 된다. 여기서부터가 입회를 들어가는 과정이라 그가 깨닫고 이겨내야 한다. 여기서 그들이 나누는 레시타티브는 마치 바흐가 그의 종교적 오라토리오에서 썼던 레시타티브를 연상할 만큼이나 아름답다. Tamino는 "O! Endless night, when will you end? When will my eyes again see the light?" 성전 안에서 합창이 '곧 알게 될 것'이라고 대답한다. 이 오페라 안에서는 코미디와 종교적 내용이 같이 있는 느낌은 무척 독특하지만 그 효력이 하나도 이상하지 않다. priest로부터 Pamina가 안전하다고 전해들은 Tamino는 감사의 마음으로 Magic Flute을 켜기 시작한다.

part 3

Tamino의 Magic flute 연주를 듣고 동물들도 행복해서 춤추기 시작한다. Tamino의 flute은 밤의 여왕의 남편이고 Pamina의 아버지가 만든 악기로 무서운 폭풍(fire)이 있을 때 아주 오래된 참나무의 뿌리를 가지고 만든 것이다. 그렇기에 이것은 4가지 기본 요소들을 합쳐 하나로 만든 것이다.

이것은 공기(air)로 불고, 깊은 흙(earth)으로부터 왔고 이것은 폭풍우(water)가 오고 번개(fire)가 칠 때 만들어진 것이다. 그렇기에 이것은 우주의 질서 안에 균형을 상징하는 것이다. 세 여인 중 하나가 설명하기를, 그렇기에 이것을 연주하는 사람에게는 놀라운 힘을 줄 것이며 불행한 사람들도 바뀔 수 있는 힘을 줄 것이라고 설명한다.

part 4

동물들이 사라지면서 Tamino의 flute 연주를 듣고 Papageno가 멀리서 대답한다. Papageno와 Pamina가 Tamino를 찾아오는 뒤를 Monostatos가 쫒으며 그들을 사슬에 묶으라고 명령한다. 갑자기 Papageno가 자신의 chime bell이 생각나 연주하니까 그들은 전부 잊어버리고 행복해서 춤을 춘다.

Papageno와 Pamina의 duet: Swift of foot and bold of heart
Can still outrun, and still out smart.

part 5

멀리서 합창이 부르는 Long live Sarastro 소리가 들려온다. Sarastro가 누구인지 모르는 Papageno는 겁에 질려 '내가 쥐처럼 작으면 빨리 숨을 수 있으련만 내가 달팽이라면 내 집안으로 재빨리 들어가면 되련만'이란 노래를 부른다. Pamina는 두렵지만 솔직히 자신이 도망치려 했던 것을 고백하는 아름다운 노래를 부른다.

우리는 오랫동안 모차르트가 하나의 생생한 인물을 그려내는 능력에 있어 누구보다도 탁월하다는 소리를 들어왔다. 앙상블 안에서 노래 부를 때든, 혼자서나, duet을 할 때도 모차르트는 그의 주인공들의 성격들을 확실히 다르게 성격을 주며 그려냈다. 모차르트가 그린 여성 역 중 Pamino는 가장 아름다운 여성으로 평가되어왔다. 여기서 그녀가 자신의 죄를 고백할 때도 정직하고 아름다운 그녀의 성격이 아름답게 그려져 있다. 부드럽고 낮은 음의 소유자인 Sarastro의 아리아 또한 근엄하고 아름답다. Pamino가 Monostastos에 맡겨진 것 또한 시련을 이기라는 뜻을 지니고 있다.

1막의 끝은 마치 헨델의 합창을 듣는 것처럼 성스럽고 아름다운 Sarastro 성 안의 식구들의 합창으로 끝난다.

정의가 확실할 때는 미덕이 악을 이기고
인류가 진정한 자유를 얻고 지구는 천국이 된다.

2막에 나오는 mason의 입회 과정의 리브레토를 Schicaneder는 Abbe Jean Terrason의 Sethos(1731)로부터 가져왔고 동화 같은 이야기들은 Christoph Martin Wieland의 Dschinnistan(1789)의 책 안에 있는 A.J, Liebeskind 이야기 'Lulu, oder die Zauberflute'로부터 가져왔다. freemason movement 자체가 영국, 불란서, 오스트리아, 독일, 미국 등 세계 여러 국가로 퍼져나갔고, Egyptian, Zoroaster, Bible, Koran, Veda 등 여러 종교에서 그 사상을 가져온 만큼 전 인류에 대한 사랑과 그 안에서 시련을 거쳐 선이 승리하는 이야기인 동시에 cosmopolitan적인 사상을 가지고 있을 수밖에 없다. 이러한 숭고한 사상을 모차르트는 진정으로 사랑했기에 여기서 모차르트는 자신이 잘 아는 성스러운 음악들을 많이 썼다.

그렇기에 2막에서는 모차르트의 다른 오페라에서 볼 수 없었던 헨델의 합창을 연상케 하는 큰 합창과, 바흐가 그의 교회 음악에서 썼던 것과 비슷한 레시타티브와 루터란 chorale과 fuga의 사용을 총망라한다. 그러면서 중간에 나오는 기가 막힌 오페라 seria solo인 여왕의 아리아, 파파게노가 파파게나를 만나 자기들 같은 애를 많이 만들겠다는 아리아 또한 우리가 자주 듣는 유명한 아리아들이다.

2막

Tamino가 태양의 영역인 Sarastro의 영역에 들어와 시련에 순응하고 Pamina를 만나 같이 priesthood로 들어가는 이야기이다. 중간에 밤의 여왕인 Pamina의 엄마가 이를 저지하기 위해 Pamina에게 Sarastro를 죽이라는 명령과 함께 극적인 갈등과, 시련을 거치기 싫어하는 파파게노의 익살과 저항이 재미있게 골고루 섞여 있다. 단테의 신곡에서 천국에 들어갔을 때 아름다운 합창 소리가 들리듯 여기서도 입회를 거쳐 Priesthood에 들어간 사람들의 합창은 아름다움의 극치를 이룬다. Pamino와 Tamimino가 승리하여 그들과 같이 합창으로 끝나는 것은 충분히 베토벤이 영감을 받을 만하다.

모차르트는 2막에서 여러 가지 orchestration으로 아주 흥미로운 색채를 만들어냈다. 어떤 때는 oboe 없이 어떤 때는 모든 높은 소리의 악기 없이 이 오페라에서 모차르트는 여러 개의 trombone part를 쓰는 것 또한 특징이다. Idomeneo에서 모차르트가 극장장과 trombone을 쓰는 관계로 싸우던 일이 생각난다. extra 비용이 들어간다고 극장장이 반대하던... Magic Flute은 처음부터 흥행에 성공한 관계로 아무 문제가 없었다.

No.9 Priest의 행진

높은 악기는 flute밖에 없고 bass clarinet, fagott, horn, 세 종류의 trombone, 현악기들을 사용한 부드럽고 sombre한 색채에 헨델 음악 같은 합창, 다음은 이 오페라 처음에 들었던 것과 같은 세 번의 fanfare가 울린다. 입회식을 알리는 신호다.

No.10 Sarastro의 아리아와 합창

원래 Sarastro의 의도가 Tamino와 Pamino의 결합을 통해 자신의 후계자로 삼고 밤과 낮의 균형과 화합을 이루는 것이었다. 그렇기에 Pamina를 밤의 여왕인 어머니로부터 태양의 영역으로 데려온 것이다. Sarastro는 다른 Priest들을 모아놓고 그들의 의견을 듣는다. No.10 아리아의 orchestration은 flute, violin, horn마저도 없고 bass clarinet, basoon, 3개의 다른 trombone, viola, cello만 있다. 따라서 소리는 한층 더 엄숙하고 부드럽다.

Sarastro: Isis와 Osiris의 신이시어, Tamino와 그의
동료에게 지혜의 영을 주소서!
그들의 발자취를 인도하시고
그들이 고난을 이길 용기를 주소서
합창: 그들에게 고난을 이길 용기를 주소서

다음 장면은 Tamino와 Papageno가 어둠 속으로 끌려가 심문을 받는 과정이다. priest가 Tamino에게 무엇 때문에 이곳에 왔는가를 묻는다. Tamino는 우정과 사랑을 위해서라고 말한다.

Speaker: 아직 후퇴할 시간이 있다 한발 더 나아가면 너무 늦을 수 있다.
Tamino: 지혜를 얻는 것이 나의 목표다.
Speaker: 그렇다면 시련을 겪겠는가?
Tamino: 모든 것을 겪겠다.

2번 째 Priest: 다른 저 친구에게도 묻겠다. 너도 지혜를 사랑하겠는가?

Papageno: 노력하는 것은 나랑 안 맞아. 난 지혜도 필요 없어요. 난 단순한 사람이라 먹을 것 좀 있고 잠이나 자면 돼. 단지 나도 예쁜 아내나 하나 있었으면.

2번 째 Priest: 이 시련을 겪지 않으면 얻을 수 없어.

Papageno: 그게 뭔데?

2번째 Priest: 우리의 모든 명령을 따르는 것.

Papageno: 그럼 난 혼자 있을래.

Speaker: 아주 착하고 예쁜 여자를 얻는데도?

Papageno: 그래도 혼자 살래.

2번째 Priest: Sarastro가 벌써 너랑 비슷하게 생긴 처녀를 선택해 놨는데도?

Papageno: 나 같다고? 그 여자 어려?

2번째 Priest: 어리고 아름다워.

Papageno: 그 여자 이름이 뭔데?

2번째 Priest: 파파게나.

Papageno: 파파게나? 호기심에서라도 그 여자를 봐야겠네.

2번째 priest: 볼 수는 있는데 말을 하면 안 돼. 입 다물 만큼 마음을 굳게 먹을 수 있어?

Papageno: 그러겠습니다.

No.11 두 priest의 duet

여자의 꾀에 넘어가지 말라는 훈계의 노래다. 대부분의 남자의 문제는 여자로부터 왔다고. Magic Flute에는 여자를 폄하하는 대화들이 종종 있지만 나중에 Tamino를 이끄는 것은 Pamina의 사랑이다. 그리고 그들은 동등하게 priesthood에 달한다.

No.12 오중주

훈계가 끝나기가 무섭게 세 여자가 등장한다. 그리고 그들이 Priest로부터 멀어지지 않으면 어두운 운명을 맞이할 거라고 한다. Papageno가 그들과 대화하려고 하자 Tamino가 조용히 하라고 야단친다.

No.13 Monostatos의 아리아

모든 살아있는 것들은 사랑의 기쁨을 느낀다. 외로운 ego-maniac인 Monostatos는 아름다운 Pamina를 볼 때 느끼는 성욕을 주체하지 못한다. 어떤 수단으로도 그녀를 차지하려고 애쓴다. 그런것만큼 그는 Pamina가 시련을 이겨 내야 하는 과정에서 장애물인 것이다.

No. 14 '지옥의 분노' 밤의 여왕의 아리아

밤의 여왕이 갑자기 나타나 Pamina에게 자기가 보낸 젊은이는 어디 있느냐고 묻는다. Pamina가 입회식에 갔다고 알리자 여왕이 놀래며 이제 그녀는 끝났다고 이야기한다. 그리고 Pamina의 아버지가 일곱 겹의 태양의 circle을 Sarastro에게 준 이야기를 한다. 그리고 단검을 꺼내며 그것으로 Sarastro를 죽이고 태양의 circle을 그로부터 다시 찾아오라고 명령한다.

밤의 여왕: 지옥의 분노가 내 안에 불타고 있다.
죽음과 절망이 내 주위를 전부 태우고 있다.
네 손으로 Sarastro를 죽이지 않으면 넌 나의
딸이 아니다......(생략)
복수의 신들이여! 엄마의 저주를 들으라

아마도 이 오페라 전체에서 가장 유명한 아리아다. Constanza의 언니를 위해서 쓴 이 아리아는 높은 F음을 짧은 나팔 소리처럼 낸다. Monostatos가 나타나서 Pamina와 그의 엄마가 살길은 자기의 애인이 되는 거라고 협박한다. Pamina가 거절하자 Monostatos가 그녀를 죽이려 할 때 Sarastro가 나타난다.

No.15 Sarastro의 아리아 '이 성스러운 hall 안에서'
clarinet이나 oboe 없이 느리고 부드러운 아리아를 Sarastro가 부른다.

Sarastro: 이 성스러운 성벽 안에는 어떤 배신자도 얼씬거리지 못한다.
여기는 모든 사람이 자신의 이웃을 사랑하며 모든 적은 용서

해주며, 그러한 것들을 기뻐하지 않는 자는 사람이라고 부를 가치도 없느니라.

바로 이러한 사상이 모차르트와 Schicaneder가 믿는 enlightened masonary 사상이었다.

No.16 세 소년 trio

한 소년은 Tamino에게 줄 Magic flute을 가지고 다른 소년은 Papageno에게 줄 벨을 가지고 맛있는 음식을 많이 가지고 온다.

Papageno는 먹느라고 조용하고 Tamino는 flute을 분다. Flute 소리를 듣고 Pamina가 온다. Pamina가 이야기하려 하지만 Tamino는 대답이 없다. Papageno도 먹고만 있다.

No. 17 Pamina의 아리아

마술피리에서 가장 아름다운 아리아이다. 너무나도 painfully 아름다운 아리아이다. 어머니와 애인으로부터 전부 다 버림받았다고 느끼는 이 아리아는 현 파트와 아리아가 끝난 후에 후렴 또한 아름답기로 유명하다. Papageno는 Tamino에게 자기도 조용히 할 수 있다고 이야기한다.

No. 18 priest들의 합창

'O Isis와 Osiris의 신이시여! 빛이여! 태양이 어두움을 사라지게 하였노라! 곧 젊은 청년은 선을 알게 될 것이라.' 여기서도 모차르트는 세 종류의 trombone을 사용하였다. 합창이 끝나고 Sarastro가 Tamino를 다시 인도한다. 지금까지는 잘 해왔으나 아직도 2개의 시련의 길이 남아 있다고. 그들이 Pamina를 다시 데리고 온다.

No.19 Pamina, Tamino, Sarastro의 3중창

그들은 만남과 동시에 다시 헤어져야 한다.

| | |
|---|---|
| Pamina: | 내 마음 한구석에 어떤 죽음이 널 기다리고 있다고 속삭인다. |
| Tamino와 Sarastro: | 숨은 운명이 그 역할을 할 것이다.<br>어떤 운명이 오더라도, 우리는 그것을 견디리라 |
| Pamina: | 내가 당신을 사랑하는 것처럼 네가 사랑한다면!<br>당신의 감정은 돌 같네. |
| Tamino: | 내 말을 믿어요. 나도 당신만큼이나 괴로워요.<br>내 마음은 오로지 당신만을 향해 있소. |

No.20 Papageno의 아리아

우리는 평생 너무 멋있는 작곡가들을 많이 보아왔다. 그러나 처음 들었을 때부터 어린아이들이 기뻐서 금방 사랑할 수 있는 작곡가는 본 적이 없는 것 같다. 그러면서 동시에 가장 세련되고

박식한 사람도 좋아할 수 있는 작곡가가 바로 모차르트다.

No.20 아리아의 glockenspiel 솔로 소리를 듣고 있으면 당장 동물들도 춤출 것 같다. 이 오페라에서처럼.

Papageno가 Tamino를 잃어버린 후 찾고 있다.

Papageno: 여긴 왜 따라왔담…

잠시 후 speaker가 나타나 넌 암흑 속에서 헤매는 게 마땅하나 신이 너를 용서하고 형제들의 사랑 안으로 들어오게 해주었다고 이야기한다.

Papageno: sweetheart를 갖는 게 내 소원이련만
달처럼 귀여운 눈을 가지고 맛있는 음식을 먹고 와인으로
목을 축일 수 있다면 어느 왕자도 안 부러울텐데
키스도 한번 못 받으면 열 받아 죽을 것 같아
키스만 한번 하면 하늘로 날아가련만

조금 있다가 한 할멈이 나타나 자기에게 충성을 약속하면 자기가 사랑해 줄 거라고 한다. Papgeno가 좀 생각해 봐야 한다고 하자 그러면 여기 갇아서 물과 빵밖에 못 먹는다고 한다. Papageno가 '그렇다면 할 수 없지' 라고 대답하자 할멈이 가면을 벗는다.

Papageno가 Papagena를 알아본다. 곧 speaker가 그녀를 데려가

고 Papageno는 땅속으로 꺼진다.

No.20 finale

part 1

세 소년이 나타나 희망찬 메시지를 전한다.

오! 영광의 평화여! 우리의 마음으로 돌아오소서! 그리하면 지구가 천국으로 변하고 인류도 신들처럼 될 텐데.

첫 소년: 절망이 Pamina를 괴롭히는 것 같아.
그 여자 방황하는 것 같아.

세 소년: 그녀가 버림받았다는 고통을 느끼나 봐.
가서 도와주자.

Pamina: 난 이 칼날과 맺어버릴 거야.

세 소년: 그녀가 확실히 미쳐버렸나봐.
아가씨, 여길 봐요.

Pamina: 나의 남편은 날 괴롭히려고 마음먹은 게 분명해.

세 소년: 하나님은 그걸 허용하지 않아요.

Pamina: 사랑 없는 인생보단 이 칼로 죽는 게 나아.

세 소년: 우리와 함께 와요.
Tamino가 들으면 너무 슬퍼할 거예요.
그는 당신만을 사랑해요.

세 소년: 우리가 당신한테 답을 할 수는 없지만 당신을 인도

할게요.

Pamina와 세 소년: 두 심장이 같이 뛰는 사람은 의혹과 약함도
그들을 갈라놓을 수 없어요.
아무리 그들의 적이 계략을 한들 신들은 숭고한
한 쌍을 보호할 거예요.

part 2

큰 산이 두 개 있고 그 사이로 폭포가 있다. 안쪽으로는 불이 있고 두 산 가운데 pyramid가 있다. pyramid는 두 갑옷 입은 사람들이 지키고 있다.

두 갑옷 입은 사람: 이 험난한 길은 불과, 물, 바람과 흙으로 승화될
것이다. 죽음의 두려움을 극복한 사람은 하늘로
오를 것이다. 다시 태어나서 Isis의 신비에 충성하
게 될 것이다.

그들이 부르는 멜로디는 독일 Lutheran chorale 시편 12에 Ach Gott, von Himmel sieh darein(O God, Look down from heaven)으로 루터가 쓴 찬송가에 Heinrich Schutz도 오르간 음악을 작곡하고 J.S. Bach도 Choral cantata를 썼다.

모차르트도 이 멜로디와 함께 fuga를 쓴다. 당시에는 Bach는 벌써 구시대(old-fashion)이라고 아무도 사용하지 않을 때였다.

Tamino가 산 있는 쪽으로 올라가려 할 때 Pamina의 소리를 듣는다. priest는 그들에게 이젠 이야기할 수 있다고 한다.

Tamino와 두 갑옷 입은 사람: 성전을 손잡고 들어가기 위해 암흑 같은 시간을 견딘 여성은 빛을 맞을 가치가 있느니라.

Pamina: 우리가 어디를 가더라도 내가 당신 곁에 있을 때는
내가 당신을 인도하리라. 사랑이 우리의 길잡이로다.
Magic flute를 부르면 우리를 보호하리.
그것은 번개 치는 밤에 천년 묵은 참나무 뿌리로 나의 아버지가 만든 피리입니다.

그들은 함께 노래 부른다.

part 3 March

Tamino가 피리를 분다. 같이 불의 시련을 거친다. 그리고 축하하는 찬송이 들린다. Pamina도 같이 priesthood에 들어온 것이다.

part 4 Papageno의 아리아

Papageno가 Papagena를 찾아 헤매고 있다. 자신이 조용히 있지 못하고 너무 떠들어서 그녀를 잃은 것을 한참 후회하고 있다.

'그냥 세상을 하직해야지. 내가 pipe를 세 번 부를 때까지 아무

도 안오면 죽어버려야지...' 그리고 목매달아 죽으려 한다.

곧 세 소년이 나타나 그를 저지시키고 그의 chime bell을 연주해 보라고 한다. 곧 Papagena가 나타나고 그리고 사랑의 duet을 노래 부른다. 신이 많은 사내애와 계집애들을 줘서 축복하기를.

Royal oprea의 David Mcvicar 연출에 sofa 위에 많은 애들과 Papageno와 Papagena가 함께 부르는 장면은 참 인상적이었다.

part 5

Monostatos의 군대와 밤의 여왕이 몰래 들어와 Sarastro와 그의 priest들을 죽이고 태양의 circle을 훔치려고 한다. 여왕은 그에게 Pamina를 줄 것을 약속한다.

천둥과 함께 diminished 7th 화음이 들리고 여왕이 힘없이 무너진다.

무대는 환한 태양이 비치는 황금빛으로 물들고 Tamino와 Pamina도 priest의 복장으로 그들의 승리와 감사를 노래한다.

모차르트는 Magic flute을 정돈된 key frame으로 이 드라마를 전개해 나갔다. E flat으로 시작해 중간 정점이 C로 갔다 마지막을 다시 E flat으로 끝내는 것으로.

베토벤이 즐겨 쓰던 sforzando의 기술의 원조를 Magic flute 서곡에서 볼 수 있다. sforzando를 어디에 붙이느냐에 따라 곡의 phrase가 달라지는 형태를 볼 수 있다.

Magic Flute은 모차르트가 쓴 마지막 오페라이다. 중간에 Leopold 황제가 Prague에서도 Holy Roman Empire 황제에 오르기에 위축된 La Clamenza di Tito가 Prague에서 마지막 공연한 날 Vienna public theatre에서 초연이 있었던 것이다. 이 공연은 첫날부터 hit였고 그로부터 100번도 더 연주되었고 유럽 전역으로 퍼져나갔다.

1791년 10월 8일 모차르트 편지에 의하면 "Salieri와 그의 mistress Mme Cavalieri와 그의 어린 아들도 같이 오페라에 초대했다. Salieri는 이 오페라의 모든 것을 좋아했다. 그리고 이 오페라가 큰 festival에 왕들 앞에서 할 grand opera가 될 수 있다고 했다. 그러나 내가 제일 좋아했던 건 소리 없이 숨죽이며 청중들이 좋아했던 것이다."

불행히도 모차르트는 그로부터 한 달 좀 더 지난 후(12월 초) 죽고 만다. 여러 가지 설이 있었으나 kidney failure라는 설이 제일 그럴 듯한 것 같다.

# 라 클라멘자 디 티토
## La Clemenza di Tito
### (1791년 9월 6일 프라하 National  Theatre 초연 K.621)

모차르트가 Magic Flute의 작업을 많이 끝냈을 때 초연된 오페라이기에 어떤 사람들은 이 오페라를 그가 쓴 마지막 오페라라고 부른다. 초연의 날짜로 보면 Magic Flute이 9월 30일이고, 이 오페라가 9월 6일인 만큼 마술피리보다는 조금 일찍 공연되었지만 Prague 공연 마지막 날 마술피리 공연이 시작되었기에 같은 시기에 공연된 것이 맞다. 마술피리는 독일어로 된 singspiel, 남쪽 사투리, 독일 lieder 같은 것이 나오고 masonic opera로 Isis, Osiris 신들에 대한 합창, Lutheran choral도 사용하는 여러 가지가 합쳐진 오페라이고 'Tito의 용서'는 소멸해가는 장르인 이탈리안 opera seria로 당시 왕위 즉위식을 위해 고대의 역사 속의 이야기를 Metastsio가 1734년 오페라 리브레토로 쓴 것을 다시 채택해 Mazzola와 모차르트가 다시 만들어낸 오페라이다.

그러나 key system이나 아리아 등의 유사함에 있어 Daniel Heartz는 이 오페라를 마술 피리의 mirror image로 보았다. Magic Flute이 overture를 E flat 장조로 시작해 introduction에서 C장조로 끝나는 것에 비해 La Clemenza di Tito는 C장조로 시작해 발전부를 바로 전 flat 6th A flat을 통해 E flat으로 들어간다. La clemenza di Tito의 overture는 짧고 간결하지만 두 오페라의 서곡은 둘 다 소나타 형식을 지니고 있다.

Sarastro는 영적인 사람들의 우두머리이고 Tito는 로마 제국의 우두머리인 만큼 서곡이 장엄하게 시작해야 하는 공통점을 가지고 있다.

Sarasto의 image가 시련을 잘 견디지 못하고 모자라 보이는 Papageno도 입회를 참여시켜주고 Monostasio도 채찍질은 받아도 다른 큰 벌을 피해갈 수 있고 밤의 여왕도 Sarasrto를 죽이려는 음모를 꾸미지만 Sarastro가 복수하는 것이 없는 것처럼 Sarastro의 생각이 사랑과 용서가 중심에 있고 Tito의 이야기의 끝도 그의 적과 그를 죽이려고 음모한 사람들을 모두 용서한다. 여기서 우린 동시에 모차르트가 이야기 하려는 계몽주의 사상의 용서와 화해의 메시지를 느낀다. 어떻게 보면 Idomeneo로부터 Tito까지의 모차르트의 모든 오페라가 용서의 메시지를 담고 있다.

사실상 이 오페라는 대부분의 19세기와 20세기 중반까지도 많은 모차르트를 사랑하는 사람들 사이에서도 잊혀진 작품이었다. 그러나 18세기 말에는 모차르트의 다른 어느 오페라보다도 국제적인 명성을 지니고 있었으며 모차르트의 widow였던 Constanza는 이 오페라를 사랑했기에 그가 죽은 후 이 오페라를 그의 자손을 위한 자선 음악회 겸 그를 기리는 기념 음악회에서 자주 부른 것으로 알려져 있다.

모차르트의 widow의 두 번째 남편이었던 George Niessen의 모차르트 전기에 의하면 모차르트가 이 오페라를 18일만에 써 내려갔다고 전한다. 어쨌든 그해 7월 6일에야 극장장이었던 Guardasoni가 9월 6일 Leopold 황제의 coronation day에 새 오페라를 공연해야 된다는 것이 결정되어 알았고 그는 그 임무를 수행하기 위해 7월 14일 비엔나에 도착한다. 당시 court librettist이었던 Mazzola를 만나 Libretto를 쓸 것을 위촉하고 궁중 kapellmeiser였던 Salieri에게 또 다시 작곡을 청했으나 그가 거절한다. 사람들은 이 행운이 하이든이 당시 London에 가 있어 모차르트에게로 온 것으로 생각한다. Salieri의 수제자이고 그의 조수였던 Joseph Wiegle(하이든의 God-child)이 하이든 대신 Esterharzy에 가 있어야 하는 관계로 Salieri의 일이 두 배로 많아져 그 일을 수행할 수 없다고 한 것이다.

그 다음으로 Guardasoni가 생각해 낸 것이 모차르트이다. 그렇기에 모차르트가 계약했을 때는 아직 누가 주연 가수가 될 것인가에 대한 개념을 가질 수 없었다. 모차르트는 주연 가수들이 노래할 곡들은 나중으로 미루고 몇 개의 duet이나 trio 등 평범한 성악 영역의 성악곡과 Don Giovanni에서 Don Ottavia를 부른 가수가 Titus를 부를 것이라는 것을 알기에 그것부터 미리 써내려갔다.

요즘 와서는 watermark, 종이의 질, 종이 staff의 모양 등을 통해 작곡할 당시 썼던 종이를 분석해서 언제 작품이 쓰여진 것인가를 알아내는 기술이 발달되 좀 더 정확한 정보를 알아낼 수 있다. 1975년 영국 학자 Alan Tyson이 발표한 자료에 의하면 'La Clemenza di Tito'를 위해 모차르트가 쓴 종이가 다섯 가지가 있다.

**Type 1 No 1(duet): Vitellia Sextus**

No.7(duet): Servilla, Annuis

No. 10(trio): Vitellia, Annuius, Publius

**Type 2 No.3 (duettino): Sextus, Annuis**

No.5 (chorus)

No.6 (aria): Titus

No.15(chorus with solo): Titus

No.18 (trio): Sextus, Titus, Publius

No.19 (aria): up to allegro Sextus

No.20 (aria) :Titus 처음 4 pages

No.24 (chorus)

No.26 (sextet): 관악기를 뺀 모든 파트

**Type 3 No.9 (aria): Sextus**

No.13 (aria): Annius

No.14 (trio): Vitella, Sextus, Publius

No.16(aria): Publius

No. 17(aria): Annuis

No.19(aria): Sextus

No. 20(aria): Titus 뒤 4 pages

No. 21(aria): Servilla

No. 22(반주가 있는 recitative): Vitellia

No. 23(aria): 처음 2 pages: Viellia

No. 26(sextet): 관악기 파트

**Type 4 No. 23(aria)** 마지막 **8 pages: Vitellia**

처음 Type 1에 쓴 음악은 Sextus역이 castrato인지 모르고 썼기에 tenor를 위해서 썼다. 이 역은 요즘은 바지 입은 여자들이 주로 부른다.

Type 2에서는 Titus를 부른 Antonio Baglioni는 미리 알았었기에

그를 위한 아리아를 쓰고 나머지들은 chorus나 작은 ensemble 이다.

Type 3은 Guardasoni가 이태리를 다녀온 후 어느 가수가 부를 것인지 구체적으로 안 후 작곡되었다.

overture와 No. 4 March와 No.8 Titus의 아리아는 Prague로 오는 마차 안에서 초연 바로 전에 작곡되었다. No. 23 Vitellia의 아리아는 모차르트가 같은 해 4월 26일 그의 가까운 친구였고 Prague에 살고 있어 자주 그의 집에 묵었던 Madame Josepha Duschek의 음악회를 위해 작곡한 것을 이 오페라 안에 다시 사용한 것으로 알려진다. 불행히도 너무 시간이 촉박한 관계로 secco recitative는 그의 제자였던 Sussmayer가 썼을 것으로 추정한다. Prague로 가는 마차 안에도 그가 동행했다.

모차르트를 좋아했던 Joseph 황제는 이탈리안 comic 오페라는 좋아했지만 opera seria는 castrato 가수의 비용도 많이 들고 장황한 가수들을 별로 좋아하지 않았기에 모차르트에게 위촉이 오지 않아 opera seria를 쓸 기회가 별로 없었다. Joseph 황제가 죽고 그 뒤를 이은 Leopold 2세는 이태리(Archduke of Tuscany)에 오래 있었던 관계로 opera seria를 좋아해 이 오페라 단체를 다시 살리도록 했기에 모차르트는 이 오페라를 쓰는 것이 그에게 좋은 기회라고 생각한 것이다.

1790년 Leopold 2세 황제가 Frankfurt에서 성대한 Holy Roman

Emperor 즉위식을 가졌을 때 모차르트는 Leopold의 눈에 들려고 Frankfurt까지 자비로 그의 매제와 여행한 적이 있다. Salieri는 이 행사에 공식으로 초청 받았지만 모차르트는 거기서 고작 자신의 coronation concerto라고 알려진 피아노 콘체르토를 친 것이 전부였고 빈 손으로 돌아와야 했다.

Tito를 위촉 받았을 때는 비록 그의 머릿속에 'Magic Flute'을 끝내야 하고 이름 모르는 사람한테서 온 commission 'Requiem'이 있었지만 Leopold의 환심을 사야 하는 것은 그에게 중요한 일이었다. 모차르트가 좋아하는 오페라를 쓰는 일도 중요한 일이었지만 너무 과도한 일의 양으로 인해 Prague에서 그가 아팠던 것으로 전해진다. 새로운 극본을 쓸 시간적인 여유가 없었기에 Guardasoni와 Mazzola는 Metastasio의 Tito를 3막에서 2막으로 줄이고 레시타티브와 아리아의 숫자를 줄이며 모차르트는 많은 action의 음악을 ensemble로 대체한다.

La Clemenza di Tito는 Metastasio의 Olympiade 나 Artaserse 정도는 아니지만 1734년 Caldara가 이 libretto에 작곡한 후 1839년 Arena가 작곡했을 때까지 적어도 40여 명의 작곡가가 이 극본에 음악을 썼다. Gluck은 1752 Naple 극장을 위해서, Hasse는 1738 Verona극장을 위해서, Jommeli는 Stuttgart극장을 위해서, Anfossi는 1769년에 로마극장을 위해, Holzbauer는 1780에 Mannheim극장을 위해. 새로 작곡될 때마다 작곡가들은 극본을 마음대로 줄

여 갔지만 근본적인 Metastasio의 극본의 중요한 줄거리는 그대로 남아 있었다.

모차르트가 있었던 비엔나에서의 10년은 오페라에 있어서는 계속 여러 가지 어려움을 헤쳐나가는 시기였다. 1783년 독일 오페라단이 해체되고, 청중들은 opera-comic을 독일어로 번역해서 듣는 것을 좋아했다. opera seria가 Vienna에서 특별히 많이 공연되는 것은 아니었지만 Paisello, Cimarosa, Sarti, Gluck, Salieri, Martin y soler 등이 Vienna에서 인기 있는 작곡가였고 그들 또한 유명한 opera seria 작곡가였기에 그들의 오페라가 concert version으로도 자주 Burgtheatre에서 공연되어 왔기에 opera seria가 유행이 지난 것이 결코 아니었다.

모차르트도 틀림없이 그들의 공연도 많이 보았고 이탈리안 작곡가들의 경제적인(economical) 스타일에 대해서도 잘 알고 있었다. Cimarosa는 나중에 나온 Rossini와 마찬가지로 사흘 만에도 오페라를 완성 할 수 있는 speed가 있었다고 한다.

간단한 8분 음표 반주와 오케스트라 악기와 성악가가 doubling한 파트도 있고 단순해 보이는 neo-classical한 스타일이 유행을 이루었다. 그렇기에 모차르트가 시간에도 쫓기기는 했지만 당시에 유명한 작곡가들 사이에 유행한 경제적인 스타일을 그들보다 더 멋있게 쓰려 하지 않았을까 생각하는 견해도 있다.(Daniel Heartz

Mozart's Opera Mozart and his Italian contemporaries 중에서 317쪽)

Daniel Heartz는 Vinci부터 Paisello까지의 오페라에 대해 우리가 너무 모른다는 것을 이야기하고 있다. Joseph Kerman은 바로크 오페라를 dark age라고까지 부르고 있다. 모차르트도 가수를 알고 나서 그들에게 맞게 아리아를 맞춤 제작해 나갔고, Händel이 impessario를 동시에 한 권력을 가지고 있어도 가수들이 일으키는 문제로 고생한 일은 잘 알려진 이야기들이다. 오페라 Tito에서도 Maria Marchetti-Fantini(교활한 Vitellia 역)는 Leopold 황제가 좋아하는 가수였다. castrato역을 맡았던 Dominico Bedni도 Bologna에서 많은 돈을 주고 데려온 가수였다.

당시에는 자기들이 좋아하는 가수를 보러 오는 것이 흥행에 제일 큰 영향을 주는 일이었고 그들은 오랜 훈련을 받은 음악가였기에 자기 멋대로 부르곤 했다. 더군다나 이태리에서는 printing이 많이 발달을 하지 않아 악보마저도 쉽게 접근할 수 있는 게 아니고 지금은 castrato 역이 존재하지 않음(바지 입은 여자가 주로 함)으로 사실상 opera seria는 우리에게는 무지의 세계로 남아 있을 수밖에 없다. 지금은 그런 오페라를 공연하려면 흥행에 어려움을 겪고 있기에 특별한 200주년이나 300주년 기념행사가 아니면 이러한 오페라를 보통 청중이 접하는 것은 힘든 일이다.

## La Clemenza di Tito 이야기의 배경

Titus 황제는 AD 79년에서 81년까지 로마 황제였다. 이 이야기는 Roman 역사가 Cassius Deo와 Suetonius의 책에 나오는 이야기다. 1670년 Corneille가 그의 French tragedy(Tite et Berenice)에 연극으로 만들었고 Racine 또한 1670년 Berenice에서 이 스토리를 연극으로 만들었다. 1734년 Metastasio가 Charles 6세의 생일에 이 리브레토를 쓴 것이다. Leopold는 Charles 6세의 손자였다.

이 연극 속에는 사랑, 우정, 질투, 권력에 대한 욕심, 배신, 불지르는 장면, 살인, 공포, 용서가 전부 담겨있기에 드라마에 좋은 요소들을 전부 지니고 있다. Tito의 overture는 모차르트의 다른 오페라와 마찬가지로 제일 마지막에 쓰여졌다. 간결하지만 아주 짜임새 있는 소나타 형식으로 되어 있다.

Magic Flute이 E flat 장조(masonic key)로 시작해 1막의 끝이 그와 대조적인 조성으로 C 장조를 1막의 finale로 가게 한다. Tito에서는 C장조로 시작해 서곡의 중간을 E flat으로 가게 했다가 다시 C 장조로 끝낼 뿐 아니라 1막의 끝도 그의 대조적인 조로 E flat으로 끝나고 전체 오페라의 끝은 다시 서곡을 연상케 하며 C장조로 끝난다.

## 1막

서곡이 끝난 후 오페라는 이태리에서 데려온 유명한 두 가수의 대화로 시작된다. 원래 opera seria에서는 처음 아리아와 마지막 합창 전에 부르는 아리아가 제일 중요한 가수가 부르게 되어 있다.

No.23 Vitellia의 아리아는 Rondo형식으로 느린 부분과 빠른 부분을 같이 부르게 되어 있다. 이러한 종류의 아리아는 주역에게만 주어졌다. Titus 황제가 유대와의 전쟁에서는 이겨 공을 세웠지만 거기 머무르는 동안 Agrippa 2세의 여동생 Berenice와 사랑에 빠져 그녀와 살고 있었다. 이 오페라의 여 주인공 Vitellia는 Titus가 자기 아버지의 왕국을 빼앗았다고 생각하기에 분노에 차 있었다. 더군다나 자신을 배신하고 외국 여자와 사랑에 빠져 그녀와 결혼한다는 생각에 Titus를 죽여버리고 로마를 불 질러 버릴 음모를 꾸민다. 그리고는 행동 대원으로 자기와 사랑에 빠진 Sextus에게 이 일을 하도록 유혹한다.

No. 1 duet(Sextus, Vitellia)

Sextus: 무엇이든 명령하십시오.

나의 운명은 당신을 위해선 모든 것을 다하는 것입니다.

Vitellia: 해가 지기 전 난 그 야비한 놈이 죽기를 바라.

Sextus: 당신의 분노가 내 가슴에 불을 지르고 있소.

Vitellia와 Sextus: 천 가지 감정이 내 가슴 안에서 들끓고 있다.

당신은 이렇게 뼛속까지 상처받은 사람은 보지 못하리

No.2 Vitellia의 긴 중요한 아리아.

Vitellia가 Sextus를 조절하기 위해 부르는 오페라 시작의 중요한 아리아이다.

Vitellia: 너는 나를 기쁘게 하려 하지 않아.
넌 나를 의심하고 있어.
절대적으로 믿는 사람은 배신 당하지 않아.
자신이 배신 당하리라고 믿는 사람이 그런 일을 당해.

그 후 Berenice가 자기 나라로 떠났고 Titus가 자신의 민족 로마인 중에서 왕비를 찾는다는 소식을 듣는다. Sextus는 원래 Titus를 존경하고 좋아하기에 갈등을 겪는다. 다시 자신이 왕비로 채택 될 줄도 모른다고 생각한 Vitellia는 Sextus에게 행동을 멈추라고 한다.

한편 Titus는 Sextus에게 그의 여동생인 Servilla를 왕비로 맞을 생각을 털어놓는다. 그리고는 그에게 이제 왕족이 되었으니 더욱 더 가깝게 지낼 수 있으며 Sextus가 원하는 것들을 무엇이든 들어 줄 수 있다고 이야기한다.

No.3 duet (Sextus, Annuis)

그러나 Titus 와 Sextus의 만남은 Servilla의 애인인 Annuis가 그녀에 대한 자신의 Servilla에 대한 사랑을 Sextus에게 고백한 후에 일이었다. 그리고 서로에 대한 영원한 우정을 맹세한 후였다.

이 노래는 German Lied에 가깝다. Titus 황제 앞에서 Sextus가 말을 못하는 것을 본 Annuis는 그를 위해 변명하고 자신이 Servilia에게 말을 전할 것을 약속한다.

No. 4 March, No. 5 합창

커다란 hall에서 군중들이 황제에 대한 찬송의 합창을 부른다. 그는 Vesubio 화산이 터져 불운을 당한 백성들을 로마의 재정으로 도울 것을 약속한다.

No.6 Titus의 아리아

자신의 권력을 지혜롭게 쓰고 싶다는 노래다.

내가 자비를 베풀 수 없다면

왕이 할 수 있는 일이 무엇이 있겠는가.

이 멜로디의 모양과 악기와의 대위법적 사용은 Magic Flute의 2막에 나오는 No. 15 Sarastro와 비슷한 형태를 가지고 있다.

Scene 5 No.7 duet (Annuis, Servilia)

Annuis가 Servilia에게 황제가 원하는 뉴스를 전한다.

Scene 7 recitative

잠시 후 Servilia가 Titus 황제 앞에 나타나 자신의 Annuis에 대해 오래 지녔던 사랑을 고백한다.

No. 8 Titus aria

Titus는 그녀의 정직함을 칭찬한다.

왕 가까이에 있는 모든 사람들이 그녀처럼 진실하다면

왕국이 고문이 아니라 기쁨이 되련만

화려한 아리아로 모차르트가 마지막에 서곡 쓸 때 화려하게 다시 쓴 아리아이다.

Scene 8(Servilia, Vitellia)

Vitellia가 지나가다 Servilia가 왕비되는 것을 거절한 것을 모르기에 그녀에게 조롱 섞인 말로 경의를 표한다.

Scene 9 recitative(Vitellia, Sextus)

또 한 번 자신을 왕비로 택하지 않은 것에 굴욕을 느낀 Vitellia가 Sextus에게 지금까지 무엇을 했느냐고 나무란다. 자기의 마음도 못 읽으며 무슨 애인 행세를 하냐고... 빨리 가서 불을 지르고 Titus를 죽이라고 명령한다.

Sextus: 당신의 분노가 나를 불타게 한다. 이 칼을 Titus 가슴에 꽂으리.

Vitellia: 더 이상 나를 괴롭히지 말라. 넌 더 이상 날 사랑하지도 않아.
너를 믿은 내가 바보였어. 영원히 사라져 버려. 잊어버려.
Sextus: 내가 항복합니다. 분부를 따르겠습니다.

No. 9 aria(Sextus)
Sextus 의 유명한 '내가 가리라 (parto)'아리아이다.

내가 가리니 제발 나와 평화스럽게 지내자.
난 당신이 원하는 대로 하리라. 오로지 당신의 것이니까.
난 당신이 나를 쳐다봐 주는 것만으로도 당신을 위해 복수하리.
오! 하느님, 미모는 내게 이렇게 힘을 발휘하는구나.

이태리에서 수입해 온 catrato 가수 Dominico Bedni를 위한 아리아에 걸맞게 화려한 기교 부분과 느린 부분과 빠른 부분을 동시에 가지고 있다.

여기서 모차르트는 자기의 친구인 훌륭한 clarinet 주자 Anton Stadler를 위해 수준 높은 기술을 요하는 가수와의 앙상블 음악을 써주었다. 모차르트는 그를 위해 clarinet concerto와 clarinet quintet도 작곡했다. 그는 이 오페라를 아주 높이 평가했다.

Scene 10 recitative (Vitellia, Publius, Annuis)
Vitellia가 Titus에 대해 독설을 뿜고 있는데 Publius가 나타나 황제가 그녀를 찾고 있다고 전한다. 그리고 그녀가 왕비로 채택되었다는 것을 전한다.

No. 10 trio (Vitellia, Annuis, Publius)

비록 삼중창이지만 분주한 현악기의 반주로 Vitellia의 solo가 두드러진다. Vitellia는 놀라서 Sextus를 찾아다닌다. 뒤늦게 자신의 분노로 인해 일어난 일을 깨닫는다. Publius와 Annuis는 그녀가 기뻐서 흥분한 것으로 착각한다. Vitellia는 G장조로 노래를 시작한다. 다음 레시타티브가 C단조로 시작하는 만큼 이 trio는 dominant 역할이 되는 것이다. oblligato 같은 리듬을 반복하고 있는 violin 위에 불협화음의 긴 음을 지탱하는 관악기가 있다.

Scene 11 오케스트라 반주가 있는 레시타티브(Sextus)

이 레시타티브는 중요한 만큼 No.11이라고 숫자가 따로 붙어 있다. C단조로 시작하는 이 레시타티브는 어두운 색채를 띠고 있다. 도시가 불에 타고 있다. Sextus가 음모에 가담해서 불타는 것을 보며 배신자이며 악당 노릇을 하는 것이 얼마나 힘든지 독백을 하며 자신이 저지른 일을 후회하고 있다

No. 12 finale

1막의 finale인 만큼 모든 사람들이 등장한다. 1막의 finale는 서곡과 오페라의 끝과도 연결되어 있다. 이것이 연결점인 것이다.

모차르트는 드라마를 고조시키기 위해 이 부분을 E flat 장조로 썼다. 오페라의 중간을 overture 때처럼 3도의 관계로 대조시키는 것이다. finale에 나오는 들뜬 군중들의 합창과 불난 광경은 Metasasio의 극본보다는 불란서 연극의 Spectacular한 광경들의 장면과 합친 것이다. 모차르트는 Gluck의 오페라도 많이 보아왔고 그의 Idomineo 오페라에서 보듯이 spectacular하고 극적인 장면들을 앙상블 음악을 통해 드라마를 한층 더 고조시킨다. 로마가 불타는 가운데 군중이 신음하는 소리가 들리고 Publius와 Servilla가 이 소동 뒤에 음모가 있은 듯하다는 이야기를 나누고 있다. Sextus는 Titus가 살해되는 것을 목격했다고 한다.

Scene 14

Sextus는 뒤늦게 후회하고 땅이 꺼져 자신을 삼켜 버리기를 바란다. 다른 사람들이 음모에 대해 이야기 할 때 Sextus가 고백하려 하자 Vitellia가 막는다. 모든 사람들이 절망하는 가운데 1막이 끝난다. opera seria이지만 극적인 장면이 대단히 웅장하게 묘사되어 있다.

## 2막

Scene 1

왕의 저택이 있는 언덕에서 Annuis가 Sextus에게 Titus가 죽지 않았다고 안심시킨다. 그가 본 사람은 다른 사람이라고... Sextus가 이 일의 중심에 자신이 있다는 것을 고백하고 다른 먼 곳으로 떠나겠다는 이야기를 나눈다.

No. 13 Annuis의 아리아

G 장조의 A-B-A 형태의 Sextus에게 다시 Titus 옆으로 돌아오라는 간결하고 아름다운 아리아이다.

Scene 2

Vitellia가 Sextus에게 멀리 떠나라고 재촉한다. 발각되면 그의 목숨과 자기의 명예가 위태롭다고. Sextus는 자신이 끝까지 비밀을 지키겠다고 말한다. 뒤에서 Publius가 엿듣고 있다.

Scene 3

Publius가 Sextus에게 칼을 내놓으라고 한다. 그리고 의회로 가자고 한다.

Scene 4

No.14 trio( Sextus, Publius, Vitellia)

Sextus는 자신이 곧 죽을 것을 상상하며 마지막 삶의 순간을 순풍을 맞는 것처럼 느낀다는 아름다운 노래로 시작한다. 혼란에 빠진 Vitellia가 회환과 공포가 섞인 눈물을 흘리는 가운데 이를 지켜보는 Publius또한 1,000가지 감정이 오간다는 노래를 부른다. 이 삼중창은 느린 부분 후 빠른 부분으로 이어진다. B flat 장조로 되어 있다.

Scene 5

No. 15 합창

이전의 아리아와는 dominant 관계인 F장조로 되어 있다. 모차르트의 오페라인 만큼 opera seria안에 합창이 간결하고 아름답게 들어가 있다. 군중들이 Titus가 살아있는 것에 대한 감사를 합창한다.

No. 16 Publius와 Titus와의 레시타티브 후 Publius의 aria

Scene 6

Titus는 Sextus가 이 음모 뒤에 있다는 것을 믿을 수가 없다. Publius는 동정심으로 가득 찬 아리아를 부른다. noble한 모차르트의 spirit과 Mazzola- Metastasio가 결합되어 감미롭고 높은 품격의 음악을 만들어낸다. aria는 간결한 반주의 C장조이다.

Scene 7 (Titus, Publis, Annuis의 대화)

아직도 믿지 못하는 Titus에게 Document를 보여주며 Sextus가 자백한 것과 의회의 결정이 Sextus를 사자의 먹이로 보낸다는 말을 한다. Annius가 Titus에게 자비를 청원한다.

No. 17. Annuis의 아리아

이전의 아리아와 다시 dominant 관계인 F 장조로 온다.

Scene 8 Titus의 오케스트라 반주가 있는 recitative

Titus의 레시타티브는 C장조로 되어 있다. 황제의 반주인 만큼 오케스트라가 한다.

나의 옆에서는 친구인 척하고 다른 곳에서는 배신자라고? 안 믿어. Sextus한테 직접 들어야 해. 무슨 특별한 비밀을 지니고 있을 거야. 통치자는 정말 불행해. 어느 가난한 농부도 숲 속의 누추한 오두막 집에서 평온히 잠들 수 있으련만. 홀로든, 동료와 함께든 그는 자기 집으로 편안히 갈 수 있고 두려움 없이 나날을 보낼 수 있으련만. 우리는 이 영광 안에서도 불안 속에 있구나.

Scene 9

Sextus가 왜 아직 안 오고 있지? 그가 가까이 온다고 하니 옛날 감정이 다시 일어나는군. 아니야. 군주로서의 내 앞에 나타나야 해.

Scene 10

No. 18 trio(Sextus, Tito, Publius)

다시 E flat 장조로 이어진다. 웅장하고 오케스트라와의 앙상블이 많은 trio다. Sextus가 Titus의 선한 얼굴은 어디 갔나 하고 노래한다. Titus는 Sextus를 보며 '죄가 사람의 얼굴을 저렇게 변하게 하는구나'라는 노래를 한다. Publius는 Titus의 마음 안에 천 가지 감정이 오가는 것을 안다. Sextus가 '죽음도 이 감정보다 더 고통스럽지는 않을 텐데' 라는 노래를 부른다.

레시타티브

Titus가 Publius에게 다들 나가고 Sextus와 단둘이 있겠다고 이야기한다.

Titus: 그래, 내가 죽기를 바랐다고. 황제 Titus는 잊고 친구 Titus 는 기억하지 못했느냐? Sextus가 날 배신했다고? 어떻게 그럴 수 있지?

Sextus: 아! 당신이 이 배은망덕한 나의 마음을 들여다 볼 수만 있다면 오히려 나를 동정할 텐데. 난 내 모습이나 당신이 내 곁에 있는 것도 견딜 수가 없구나. 당신의 거룩한 모습, 당신의 목소리 당신의 자비도 내게는 벌처럼 느껴질 뿐. 빨리 죽게 해 주십시오. 당신이 자비를 베풀겠다면 이 불신의 피를 당신 앞에서 흘리게 해 주십시오.

Titus: 그래, 죄악이 얼마나 한심한 지경으로까지 이끄는지가 보이느냐?

권력에 대한 무한한 욕심이 사람을 어떻게 만드는지. 그래, 왕이 되고 싶었느냐? 네가 한 짓을 보렴.

Sextus: 그것이 절 유혹한 것이 아닙니다. (생략)

Titus: 우리만 홀로 있으니 군주라는 생각 말고 네 마음을 열어 보아라. 너의 죄의 진정한 원인을 이야기해 보렴. 같이 용서할 방법을 찾아보자. 그러면 내가 더 행복해질 것이다. (생략)

Sextus: 내가 신의 분노의 대상입니다. 더 이상 나의 운명을 견딜 힘이 없습니다. 내가 배신자라는 것을 자백합니다. (생략)

No. 19 Sextus의 아리아 (rondo)

A 장조로 된 론도 아리아이다. 중요한 인물이기에 느린 부분과 빠른 화려한 기교를 지닌 아리아이다. 관악기들과 현악기들과의 앙상블과의 counterpoint도 아주 아름답다.

Sextus: 한순간만이라도 지난날의 사랑을 기억해 주십시오.
혹독하고 거만해 보이는 당신의 감정이 나를 더 비참하게 만듭니다. 동정할 가치도 없고 나는 사람들을 치가 떨리도록 써늘하게 합니다. 당신이 내 마음을 안다면 그렇게 혹독하진 않을 텐데.
난 죽으러 가지만 두렵지 않습니다. (생략)

Scene 10과 Scene 11 레시타티브

Scene 10은 Titus의 독백이고 Scene 11은 Publius와의 대화다. 다음 Titus의 아리아가 B flat장조이기에 C로 시작한 Titus의 recitative는 dominant 관계인 F로 끝난다.

Titus: 저렇게 고집스럽고 불충한 인간을 보았나? 나의 자비를 조롱한다고? 보복. Titus가 그런 감정을 가질 수 있을 가? 그렇다면 그를 살려 주지. 그렇지만 법이 의미가 없을 수 있을까? 그걸 지켜야 할 내가 그걸 실행할 수 있지. 그렇다면 친구로서의 Sextus는 잊을 수 있나? Sextus가 죄를 지었다면 죽어야지. 난 백성들의 피로 범벅이 되어 있잖아.
무엇보다도 친구의 피로. 후세 사람들은 뭐라고 할까? Titus가 자비함에 지쳤다고? Sulla가 잔인함에 지쳐버린 것처럼. Titus가 상처 받았어. 법을 손상시키지 않고도 그들을 용서할 수 있었을 텐데. 내 마음을 상하게 하겠다고? 그렇다고 훗날에 날 칭찬할는지도 모르잖아.(서류를 찢는다)
내 친구를 살게 하자. 세상이 나의 실수를 비난해도 나의 자비를 비난하게 하자.

Scene 12 recitative(Publius, Titus)

Titus: 백성들 있는 곳으로 가자.

Publius: 그럼 Sextus는?(생략)

Titus: 결정됐어.

No. 20 Titus의 아리아

Titus: 자비로운 신들이여! 왕국을 위해서 돌 같은 심장을 가져야 한다면 이 왕국을 거두든가 내게 다른 심장을 주소서.
만약 사랑으로부터 멀어진 충성심과 공포로 백성을 다스린다면 그것이 무슨 의미가 있습니까?

B flat 장조의 빠른 부분으로 시작해 중간의 andantino로 갔다가 재현부의 allegro로 끝난다.

Scene 13 레시타티브
Vitellia가 뒤에서 나타나 Publius를 부른다. Sextus가 Titus에게 무엇을 이야기했는지를 묻는다. Sextus가 배신했을 것이라고 생각하며.

Scene 14 Recitative (Vitellia, Annuis, Servillia)
Servillia와 Annuis가 들어와 Vitellia에게 Titus에게 자비를 베풀 것을 간청해 달라고 말한다. 그리고 황제가 Vitellia와 결혼하기로 결정했다는 것을 알린다. 자신의 음모로 인해 모든 일들이 일어난 것을 아는 Vitellia는 Titus에게 가서 고백해야 된다는 것을 깨닫는다.

No. 21 Servillia의 아리아

D장조의 대단히 예쁜 A-B-A형식의 Mozartian aria 이다.

Servillia: 당신이 할 수 있는 게 고작 그를 위해 눈물을 흘리는 것이다라면 그것이 아무리 진실되어도 아무 소용없습니다.
당신의 동정은 그에겐 소용없습니다.

Scene 15

No, 22 recitative.(Vitellia)

이 오페라의 제일 중요한 역인 만큼 레시타티브에도 번호가 붙어 있다. 이 레시타티브는 C로 시작해 다음 아리아를 준비하기 위해 B flat으로 끝난다. 다음 rondo aria가 dominant 관계인 F장조이기 때문이다.

Vitellia: 지금이 나의 변치 않는 마음을 시험할 때다. 넌 Sextus의 시체를 쳐다볼 용기가 있는가? Sextus, 나를 자기의 생명 보다 더 사랑한 사람을? 누가 나의 죄값을 치르고 있는가? 누가 너의 잔인함도 순응했는가? 누가 네가 부당할 때도 너를 사랑했는가? 누가 죽음 안에서도 진정성을 표했던가? 그것을 알면서도 평온히 황제와의 결혼을 이행 할 수 있겠는가? 난 모든 돌,

모든 바람이 황제에게 말할까봐 두렵다. 황제의 발 앞에 엎드려 모든 것을 이야기 하자. 용서 받지 못하더라도 Sextus의 죄값을 덜자. 나의 왕비가 되려 했던 희망이여, 안녕.

No. 23 rondo(Vitellia)

오페라 전체에서 두 번째로 중요한 아리아다. 이 오페라의 처음 아리아도 Vitellia의 아리아이고 마지막도 Vitellia의 노래다. 주역에 걸맞게 느린 부분과 빠른 부분으로 이어지는 rondo를 썼다. F장조의 bass clarinet과의 앙상블을 이루는 아름다운 부분이 있다.

Vitellia: 결혼의 신은 더 이상 나를 위한 화환은 만들지 않을 걸세.
흉한 철 사슬에 묶여 난 죽음이 나의 발목을 잡는 것을 보네.
아! 끔찍스럽다. 비통 하구나! 얼마나 사람들이 조롱할까? 그들이 나의 마음을 안다면 저주하지 않을 텐데.

오케스트라가 전조로 통해 G 장조로 끝난다.

Scene 16

커다란 야외 대형 극장에 군중들이 지켜보는 곳에서 반역자가 사자의 먹이가 되도록 끌려가게 되어 있다.

No. 24 합창

pompous하고 웅장한 합창이 overture와 비슷한 리듬으로 G장조의 합창으로 시작한다.

합창: 오늘 신들은 우리들에게 위대한 영웅을 보여주었다. 신들이 그를 통해 보여준 사랑과 배려는 어느 것과도 비교할 수 없구나. 신들은 거룩함으로 빛나는 사람들을 언제나 칭찬했다오.

recitative (Titus, Annuis, Servillia)

Titus: 우리가 축하의 경연을 시작하기 전 죄수를 내 앞에 데려오너라.

Annuis: 폐하, 측은히 여기옵소서.

Servillia: 측은히 여기옵소서.

Titus: 네가 Sextus의 용서를 위해 왔다면 너무 늦었다. 이미 결정된 일이다

Scene 17

Titus와 Publius와 경호원 사이에 끌려온 Sextus.

recitative

Titus: Sextus, 넌 너의 죄를 알겠지, 그리고 너의 벌도 알겠지. 로마가 발칵 뒤집히고 짐에게 해를 입히고 법을 어기고 친구를 배신하고. 하늘과 땅이 너의 죽음을 고하노라. 넌 너의 배신

이 오로지 나를 향한 것인지 아느냐? 이제 듣거라.

Vitellia: 위대한 황제이시여, 당신의 발 밑에 가장 수치스러운 내가 여기 엎드려…

Titus: 일어나거라. 무엇을 하느냐? 네 소원이 무엇이냐?

Vitellia: 제가 이 음모를 꾸민 악당을 데려왔습니다.

Titus: 그래 그가 어디 있느냐? 나를 가해하려던 자가 몇이나 더 있느냐?

Vitellia: 믿지 못하실 겁니다.

Titus: 왜?

Vitellia: 왜냐하면 그게 저이기 때문입니다.

Titus: 너도?

Sextus,Vitellia, Annuis, Servillia : 세상에…

Titus: 그래 몇 명이나 나를 배신했느냐?

Vitellia: 제가 제일 큰 죄를 지었습니다. 내가 이 음모를 꾸몄고, 나의 가장 충성스러운 친구를 유혹하고, 나를 향한 맹목적인 사랑을 이용해 당신을 치라고 했습니다.

Titus: 그토록 나를 미워했느냐?

Vitellia: 난 그것을 사랑이라고 착각했습니다. 당신이 두 번이나 나를 제치고 다른 사람과 결혼하려 했기에 복수하려고 했습니다.

No. 25 오케스트라 반주가 있는 recitative

이것은 C장조로 시작한다.

Titus: 무슨 날이 이러한가? 한 죄수를 사면하니까 다른 사람이 나타나고… 아이고 하나님, 어디서 충신을 찾을 수 있겠나? 나의 별들이 나를 잔인하게 만들려고 모함하는 듯하구나. 그렇게는 안 되지. 난 나의 선행을 이어가기로 결심했으니까.
무엇이 이기나 보자. 나의 복수인가, 자비인가.
Sextus를 풀어라. Lentulus와 그의 악당들도 자유의 인생을 살게 하라. 모두에게 로마와 내가 같은 마음이라는 것을 알려라. 모두를 용서하고 다 잊겠다는 것을.

No.26 finale (6 중주와 합창)

Sextus: 폐하, 당신이 날 용서했지만 내 마음은 내가 죄 지었다는 것을 압니다. 내가 기억하는 한은 나의 잘못은 나를 치를 떨게 할 것입니다.

Titus: 네가 보여준 참회가 지금까지 네가 보인 충성보다 훨씬 가치가 있느니라.

Vitellia, Servillia, Annuis: 아! 관대하신 폐하! 누가 지금까지 그런 고귀함을 보여 주었던가? 그의 숭고한 선함과 통찰력은 아무도 따라올 수 없는 본보기이기에 눈물이 나는구나.

Vitellia, Servillia, Annuis, Sextus, Publius,와 Chorus:

영원한 신이시여! 그의 신성한 날들을 살펴주시고 지켜 주옵소서. Titus를 위대한 로마의 현재와 미래를 위해 지켜 주시옵소서.

Titus: 나의 생을 짧게 해주시고 나의 노력이 강하고 변함없도록 해주시옵소서.

### 오페라의 끝

트럼펫, 북, fanfare, 위풍당당한 부점 달린 8분 음표 리듬이 서곡부터 왕의 즉위에 대해 경의를 표하는 La Clemenza di Tito의 분위기에 맞는 곡이다. 1794년 이 오페라를 직접 본 Franz Niemetschek의 review에 의하면 이 오페라는 고대의 classical ideal을 연상시킨다고 했다.

고대 그리스풍의 간결함과 조용한 장엄함이 이 오페라 안에 내포되어 있다. 그렇기에 이 음악은 예민한 마음을 더 깊이 파고 든다. 이 고급스러움이 Tito라는 인물의 성격과 잘 맞고 모차르트의 섬세한 taste와 그의 관찰력을 잘 말해 준다. 동시에 andante에서는 cantilena 멜로디가 깊은 감성과 표현으로 하늘을 나는 것 같은 감미로움을 느끼게 해 준다. 합창은 숭고해서 Gluck의 nobility와 모차르트의 독창적인 예술이 합쳐 그의 흐르는 감정과 신비한 화성이 합쳐져 있는 것 같다. 더할 나위 없이 아름다운 음악이 1막의 마지막 trio와 finale이다. 1798년 쓴 모차르트의 전기에서 그는 다음과 같이 이야기하고 있다.

"La Clemenza di Tito는 모차르트가 완성한 작품 중 아름다운 작품이라는 미학적 견해로 보면 가장 완전한 작품 같다. 그의 예리한 감성이 Tito의 소박하고 조용하고 noble한 성격을 잘 잡아냈다. 모든 부분이 그냥 평범한 악기의 성부에서도 전체적인 통일성을 주기 위해 이러한 특성을 잘 살려냈다. 이 곡이 즉위식을 위한 축하 공연이었고, 두 가수가 특별히 이태리로부터 데려왔기에 그들을 위한 눈부신 아리아를 썼다. 보통 듣는 bravura aria보다 얼마나 높은 경지의 음악인가!"

1794년 Niemetschek은 두 개의 막의 끝에 있는 합창과 Vitellia의 rondo를 특히 좋아했다.

"1막의 마지막 scene인 finale는 정말로 완전한 작품이다. 표현, 인물의 묘사, 감성 모두가 엄청난 결과를 만들어 낸다. singing, 악기의 사용, 화성의 변화, 멀리서 들리는 합창, 전부가 환상적인 감동을 이끌어 낸다."

위에서 번호가 바뀔 때마다 조성을 언급한 것은 key system이 이 드라마의 전개를 이끌어가기 때문이다. 앞에서 Baroque opera와 모차르트의 오페라를 비교함에 있어 Tovey의 말을 인용해 "바로크 오페라는 archtectural해서 건물을 연결해 놓은 것 같다면 모차르트의 오페라는 drama의 진행"으로 보았다.

처음 오페라의 시작에서 No. 1, F; 2, G; 3, C로 되어 있는 반면 끝의 No. 23, F; 24, G; 26, C로 되어 있다. 그렇기에 이야기의 극적인 진행에서도 균형 있는 조성의 진행을 느낄 수 있다.

# 에필로그

모차르트와 보낸 긴 시간은 정말로 축복의 시간이었다. 앞에서 모차르트의 오페라를 모르면 모차르트를 이해할 수 없다는 것을 이야기한 적이 있다. 필자는 이 책을 쓰며 젊었을 때 모차르트 오페라들을 깊이 알지 못했던 것을 많이 후회했다. 그를 알면 알수록 점점 그가 신비스럽기만 하다. 사실상 그의 오페라를 모르면 그의 심포니도, 실내악이나 콘체르토도 깊이 안다고 볼 수 없다.

그가 '피가로의 결혼'을 프라하 청중들이 너무 사랑했기에 보답으로 Prague 심포니를 썼다든가, '돈 조반니'를 쓴 해에 그의 아버지도 잃고 그의 가까웠던 친구 August Hatzfeld 백작이 죽은 해였다. 바로 그 전에 위대한 현악 오중주 C장조와 g단조와, Eine

Kline Nachmusic도 썼다. 그가 Cosi fan Tutte를 쓰기 전 그의 마지막 3개의 심포니 E flat, g min, C Maj(Jupiter) 심포니도 쓰여졌다. 그의 Viola Quintet을 연주한다면 같은 시기에 쓰여진 오페라를 공부하는 것이 도움이 될 것이다. 모차르트의 마지막 해에 쓰여진 작품에는 신비스러움이 있다. 슬프면서도 감미로운 깊고 겉으론 평온하고 아름다움 밑에 깔린 pathos를 읽을 수 있다.

1991년 모차르트 서거 200주년 기념으로 미국 Woodrow Wilson International Center for Scholars에서 많은 세계적인 석학들을 모셔와 symposium을 한 적이 있다. 그 중엔 세계적인 경제학자 Mr.& Mrs. William Baumol도 있었고, David Feldman 같은 심리학 교수도 있었다.

경제학자 Baumol이 이야기한 것 중 재미있었던 것 중 하나가 모차르트가 'Marriage of Figaro'를 쓴 후 받은 100 ducat은 1989년 미국 dollar로 환산하면 3만 불 정도의 돈이라는 것, Esterharzy 집안에서 평생 하인처럼 지낸 Haydn이 영국에 가서 갑자기 번 돈은 백만장자 수준이었다는 것, Mozart가 죽지 않고 살아 있었다면 아마도 그와 같은 행운이 따랐으리라는 것이다.

모차르트의 연간 수입이 대략 1700 florin 에서 2500 florin이면 1989년 미국 달러로 175,000 달러쯤 되는 것으로 미국 인구 5%의 bracket에 드는 것으로 추정했다.

Stanley Kauffmann 영화감독 외 많은 음악 석학들이 초대되었다. Joseph Kerman, Neal Zaslaw, Maynard Solomon, Christoff Wolff 등... Maynard solomon은 'Marianne Mozart'라는 논문에서 모차르트가 돈 때문에 고생한 것이 측은하다고 느꼈는지 모차르트의 아버지 Leopold가 아들과 연을 끊고 모든 재산을 그의 누이에게 남긴 후 그녀가 살다 간 후 남긴 재산을 돈으로 환산해 보았다. 사실상 모차르트가 어릴 때 연주하며 번 돈으로 그들이 시내의 큰 집으로도 이사갈 수 있었다. 모차르트의 누이는 그의 아버지의 죽음도 Wolfgang Mozart에게 알리지 않아서 모차르트는 그 소식을 다른 친구를 통해 들었다.

그의 재산이 경매에 부쳐졌을 때 동생에게는 1000 florin을 준 것이 전부였다. 악보와 현금도 그녀가 전부 가졌고 Wolfgang은 자신의 manuscript를 챙긴 것이 전부였다. 사실상 그들의 관계는 1783년 Wolfgang Mozart가 자기의 아내와 함께 가족과의 관계를 개선하기 위해 Salzburg를 방문했을 때도 아버지와 그의 누이가 따뜻하게 받아주지 않은 것으로 알려져 있다. Constanza가 모차르트 어렸을 때의 작은 기념품을 달라고 한 것마저도 거절 당했다. 그 후 그들의 관계는 점점 더 멀어졌다.

그녀가 한참 후 죽었을 때 남긴 재산도 10,000 florin 정도로 액수도 꽤 큰 것이었다. 대단히 흥미로웠던 Essay는 Neal Zaslaw가 1946년 유명한 모차르트 학자 Alfred Eistein이 'Mozart, His Character, His Work'에 쓴 모차르트의 마지막 3개의 심포니에 대한 견해 때문에 오랫 동안 프로그램 note에도 인용되며 사람들 사이에 잘못 인식되어 왔다는 사실이다. 이런 견해는 무척 흥미로운 사실이다.

Einstein의 말에 의하면 모차르트가 1788~9년 겨울에 있었던 academy concert를 위해 이 심포니를 쓴 것 같은데 그 계획이 제대로 이루어지지 않았다. 그 후 모차르트는 이 세 개의 심포니를 지휘하지도 않았고 듣지도 못했을 가능성이 있다.

Neal Zaslaw는 "모차르트는 1788년 자기의 빚도 청산하기 위해 자신의 친구 Michael Kelly, Nancy Storace와 Thomas Attwood가 있는 London을 갈 계획도 있었고 그해 가을 3개의 subscription 음악회도 열 생각을 하고 있었다. 이 새 계획들을 위해서도 새로운 심포니가 필요했다. subscription concert는 private concert였기에 광고하지 않았다. g단조 심포니는 같은 날 쓴 새 version도 있는 것으로 보아 완성된 후 곧 연주한 것으로 보인다.

London은 가지 못했지만 1789년 Dresden과 Leipzig에서는 연주했을 것으로 보인다. 1791년 4월 16일 있었던 Vienna 음악회에서도 심포니를 연주했을 것 같다. 그 다음 있었던 5개의 public concert에서도 이 심포니들을 연주했을 것 같다."가 그의 새 의견이다.

## 참고 서적들

Daniel Heartz Mozart's Opera(University of California press)

Wolfgang Amadeus의 편지들(Penguin classics)

Robert Greenberg Operas of Mozart(the Teaching company)

David Cairns Mozart and his Operas(University of California Press)

Joseph Kerman Opera as Drama(Unversity of California Press)

Opera and the Morbity of Music(new york review books)

On Mozart edited by James Morris(Cambridge University)

H.C. Robbins Landon Mozart's 1791 Last Year(Schirmer Books)

Mozart The Golden Years(Thames & Hudson)

Alfred Einstein Mozart his character his work
(Oxford University Press)

Robert W. Gutman Mozart a Cultural Biography
(Harcourt Brace and Company)

Donald Grout a Short History of Opera
(Columbia University Press)

Henry W. Simon 100 Great Operas(Anchor Books)

Paul Henry Lang music in Western Civilization
(Norton and Company)

J.D. McClatchy Seven Mozart Librettos
(Norton & Company)

## 추천 listening

M 22 Wolfgang Amadeus Mozart the Complete Operas

(Salzburg Festival Unitel classica)

Great Composers Series Mozart(Kultur)

Die Entfuhrung Aus Dem Serail

(Karl Bohm Unitel)

(Nicolaus Harnoncourt Unitel)

(Glyndebourne Opus Arte)

Marrage of Figaro(Karl Bohm Deutch Grammaphone)

(Bernard Haitink Kultur)

(Daniel Barenbaum Art H면)

(John Eliot Gardiner Archiv)

Don Giovanni

(James Levine Deutche Grammaphone)

(Furtwangler Unitel classica)

(von Karajan Sony)

(Nikolaus Harnoncourt Art Haus)

(Lorin Maazel film)

Cosi fan Tutte

(Nikolaus Harnoncourt Art Haus)

(Riccardo Muti Art Haus)

(John Eliot Gardiner Archiv)

(Nikolaus Harnoncourt Deutche Grammaphone)

Magic Flute

(Georg Solti Decca)

(Colin Davis Opus Art)

(Nikolaus Harnoncourt Sony)

(James Levine TDK)

La Clemenza di Tito

(James Levine Deutche Grammaphone)